W0190786

Johannes Thiele
Die Sieben Weltwunder

Inhalt

Das ist der Sinn von allem, was einst war,
daß es nicht bleibt mit seiner ganzen Schwere,
daß es in unserem Herzen wiederkehre,
in uns verwoben, tief und wunderbar.

RAINER MARIA RILKE

Johannes Thiele

Die Sieben
Weltwunder

marixverlag

FSC

Mix

Produktgruppe aus vorbildlich
bewirtschafteten Wäldern und
anderen kontrollierten Herkünften

Zert.-Nr. SGS-COC-1940
www.fsc.org
© 1996 Forest Stewardship Council

Copyright © by Marix Verlag GmbH, Wiesbaden 2006
Covergestaltung: Thomas Jarzina, Köln
Bildnachweis: akg-images GmbH, Berlin
Satz und Bearbeitung: C&H Typo-Grafik, Miesbach
Gesamtherstellung: GGP Media GmbH, Pößneck
Printed in Germany

ISBN-10: 3-86539-906-1
ISBN-13: 978-3-86539-906-9

www.marixverlag.de

ERSTE AUFZÄHLUNG
DER SIEBEN WELTWUNDER

Babylons ragende Stadt, ich sah sie mit Mauern, auf denen
Wagen fahren. Ich hab Zeus' am Alpheios gesehn,
sah des Helios Riesenkoloß und die Hängenden Gärten,
auch den gewaltigen Bau der Pyramiden am Nil
und des Mausolos prächtiges Mal. Doch als ich dann endlich
Artemis' Tempel erblickt, der in die Wolken sich hebt,
blaßte das andre dahin. Ich sagte: »Hat Helios' Auge
außer dem hohen Olymp je etwas Gleiches gesehn?«

ANTIPATROS VON SIDON
(2. Jahrhundert v. Chr.)

EINLEITUNG

Aus Zeit und Bewegung entsteht Vergänglichkeit. Aus der Vergänglichkeit der Wunsch nach Beständigkeit. Aus dem Wunsch nach Beständigkeit der Wille zur Erinnerung, zur Mahnung, zum Monument. Erinnerung aber ist das fragilste, das kostbarste Gut des menschlichen Geistes. Angefochten, verhasst, geliebt. Sie soll unauslöschlich sein, und doch gehen über sie die Stürme der Zeit und der Geschichte hinweg und verwehen alle ihre Spuren. Überlieferung ist daher die einzig wirksame Waffe gegen das Verlöschen der Erinnerung, das Versinken dessen, was Menschen gedacht, geliebt und hervorgebracht haben, in den Nebeln des Vergessens.

In diesem Buch geht es um eine spezifische Form der Tradition: um die Rekonstruktion dessen, was seit der Antike »Weltwunder« genannt wird. Ein Weltwunder ist mehr als eine Sehenswürdigkeit der Vergangenheit, die uns heute nichts mehr angeht. Es ist selbst dort noch, wo wir es mühsam der Vergessenheit entreißen, indem wir alte Schriften studieren, fremde Zeichen entziffern, Schicht um Schicht Erde, Staub und Sand durchsieben, eine einzigartige Einladung zu einer der schönsten menschlichen Fähigkeiten: zum Staunen.

EIN KANON DER SEHENSWÜRDIGKEITEN

Die als Weltwunder »bestaunenswerten Sehenswürdigkeiten« wurden schon in der Antike in einem Kanon festgelegt, dem auch dieses Buch folgt. Um das Jahr 250 v. Chr. entstand die erste Liste der *Ta hepta theamata*, die nicht im Original erhalten geblieben ist. Insgesamt fünfundzwanzig Listen sind uns allein aus der Antike überliefert, sie gehen jedoch immer wieder auf die erste zurück.

In alten Nachschlagewerken findet man Listen mit einer anderen Zahl oder Zusammensetzung. In der ältesten Weltwunderliste zu Beginn des 3. vorchristlichen Jahrtausends fehlt zum Beispiel der Leuchtturm auf der Insel Pharos vor Alexandria, weil es ihn damals noch gar nicht gegeben hat. Sie enthielt noch ein anderes Weltwunder, nämlich die Mauern von Babylon. Doch schon in der zweitältesten Liste taucht der Leuchtturm vor Alexandria auf. Dafür sind die mit dem Niedergang Babylons verfallenden Festungsmauern aus der Liste gestrichen.

Auch wurden immer wieder neue, noch vorhandene als Ersatz für die versunkenen Weltwunder vorgeschlagen: der Porzellanturm von Nanking, die Große Chinesische Mauer, die Hagia Sophia in Konstantinopel, der Schiefe Turm von Pisa, die Steine in Stonehenge in England – sie alle finden sich auf diversen Listen der Neuzeit.

Die umfangreichste Aufzählung enthält die um 1300 entstandene Liste der »schönsten Werke und Schaustücke der Welt«, die ein Codex in der Bibliothek des Vatikan bewahrt. Hier wurden gleich dreißig Weltwunder hervorgehoben, neben den bekannten Werken, diversen Götterstatuen und Tempeln verschiedener Gottheiten unter anderem das Kolosseum und der Obelisk des Circus Maximus in Rom, das Labyrinth des Minos von Kreta, die Theater in Sidon und Herakleia am Schwarzen Meer, der Säulengang in Sardes.

Doch alle diese kursierenden Listen überstrahlt noch immer die Eine, die Große Liste der Sieben Weltwunder. Die Sieben ist einfach unschlagbar.

DIE FASZINATION DER SIEBEN

Dass es ursprünglich sieben Weltwunder sein mussten, nicht mehr und nicht weniger, hängt mit der zauberischen und symbolischen Bedeutung dieser Zahl zusammen. Ein Zauber, der sich erhalten hat. Er wirkt bis in unsere Zeit fort.

Der griechische Philosoph Aristoteles (um 350 v. Chr.) stellte sich das Gewölbe der Welt aus sieben durchsichtigen Schalen erbaut vor: Sie drehen sich um unsere Erde, eine jede für sich und verschieden schnell. Die Sonne, der Mond, die Planeten wandern mit den gläsernen Sphären. Noch heute lebt dieses Weltbild in der Redensart vom »siebten Himmel« weiter.

Sieben Planeten, von sieben Fürsten regiert, umkreisen in festen Bahnen die Sonne.

Die siebenfache Netzhaut des Auges ist der Ausdruck für die Spiegelung der Siebenzahl in der geistigen und kreatürlichen Welt.

Auf sieben Hügeln standen unter anderem die Reichs- und Tempelstädte Babylon, Jerusalem und Rom.

Vor zweieinhalbtausend Jahren schon zählten die Griechen sieben Philosophen zu den »sieben Weisen«, zu denen Solon, der große Gesetzgeber Athens, aber auch Thales von Milet gehörte, der Mond- und Sonnenfinsternisse vorausberechnete und – zum großen Staunen der Ägypter – die Höhe der Pyramiden aus der Entfernung mathematisch bestimmen konnte.

Sieben Helden Griechenlands zogen unter Theseus' Führung gegen das siebentorige Theben.

Sieben junge Männer und sieben junge Frauen hatte Athen siebenmal sieben Jahre nach Kreta, in das Labyrinth des Minos, zu schicken.

Am siebten Tag sollst du ruhen, verlangt das hebräische Gesetz in der Bibel.

Jedes siebente Jahre ließ man die Felder brach liegen.

Als Gleichnis des ewigen Lebens, gespiegelt in den sieben Planeten, stand der siebenarmige Leuchter im jüdischen Tempel.

Und es gab Sieben Weltwunder.

Eine magische Zahl

Wie kam es, dass ausgerechnet die Zahl Sieben einen solch außerordentlichen Rang erhielt? Ein Zufall? Oder eine Laune des Menschen?

Pythagoras, um 570 v. Chr. auf Samos geboren, »weise wie der Sterblichen keiner«, lehrte, dass alle Dinge im Himmel und auf Erden nach Zahlenverhältnissen geordnet sind. Ausgangspunkt war die Entdeckung, dass die Tonhöhe einer gespannten Saite genau im umgekehrten Verhältnis zu ihrer jeweiligen Länge steht.

Forschungen und Messungen ergaben, dass die akustisch-harmonischen Grundverhältnisse sich eingebaut finden in den heiligen Gebäuden der Griechen, ja dass sie letztlich in allen heiligen Bauten der alten Welt wiederzufinden sind. Nach der Symmetrie des Goldenen Schnittes, der heiligen Zahl, wiederholt der Sakralbau als Ganzes, wie in allen seinen Teilen, den Makrokosmos. Sein Urheber ist also nicht der Mensch, sondern die Gottheit selbst.

Pythagoras sprach aus, was die Magier und Priester der alten Kulturen irgendwie zu wissen schienen: Zahlen sind mehr als eine Rechenhilfe. Das Gebäude der Welt ist nach einem mathematischen Plan geschaffen.

Unter den Zahlen spielt die Sieben eine besondere Rolle. Sie ist eine Primzahl, das heißt, sie lässt sich nur durch 1 oder durch sich selbst teilen. Auch 2, 3 und 5 sind Primzahlen; sie lassen sich aber durch Teilung aus der ersten Zehnerreihe im antiken Sinne gewinnen. Die

Sieben allein steht für sich; innerhalb dieses Zahlenraumes »zeugt« sie nicht und ist nicht »erzeugt«. Eine magische, eine vollkommene Zahl. Inbegriff der immer sich gleichenden, unwandelbaren Gottheit, die aber zugleich die Veränderung in der Natur und im Leben der Menschen bewirkt.

DIE SPUREN DER ZEIT

Wir wissen heute annähernd, wie die Sieben Weltwunder ausgesehen haben, obwohl sie – bis auf die Pyramiden – schon seit vielen Jahrhunderten zerstört oder untergegangen sind. Doch selbst die Große Pyramide von Gizeh vermag uns nur noch eine Andeutung ihrer einstigen Schönheit zu geben. Was wir heute sehen, ist allein der Kern, sozusagen der Rohbau.

Die Sieben Weltwunder verführen geradezu zum Superlativ, zur Bewunderung ihrer Größe, ihrer Höhe, ihres Wertes. Doch die Zeus-Statue von Olympia ist nicht nur ein tonnenschwerer Klotz aus Elfenbein und anderen kostbaren Materialien, die Große Pyramide nicht nur eine Anhäufung von 2,5 Millionen Steinquadern, der Tempel der Artemis ist nicht nur die Summe ihrer imponierenden Säulen.

Jedes einzelne der Sieben Weltwunder ist vielmehr ein Spiegelbild seiner Zeit und der Menschen, die es erdachten, planten, bauten und mit ihm lebten. Von ihrer einstigen Existenz zeugen heute gewaltige Fundamente, Mauerbruchstücke, Säulenkapitelle, Torsi, Tontafeln, Abbildungen auf antiken Münzen. Wer sich ihnen nähern will, ist auf Vermutungen angewiesen, auf Spekulationen, auf Rekonstruktionsversuche, selbst wenn er alle vorhandenen schriftlichen Quellen und Überlieferungen einer wissenschaftlichen Prüfung unterzieht. Es bleibt ein undefinierbarer Raum für Geschichten und Gerüchte, für Kontroversen und Kalkulationen. Die Sieben

Weltwunder sind das denkbar geeignetste Spekulations-
objekt der Forschung.

Die ersten Zeugnisse und Berichte verdanken wir
griechischen Historikern und Reiseschriftstellern, zum
Beispiel dem stets bewunderungsbereiten und erzähl-
freudigen Herodot aus Halikarnassos, dessen weltge-
schichtliches Werk nicht nur eine antike Quelle ersten
Ranges ist, sondern zugleich so etwas wie ein Baedeker,
ein Reiseführer durch die Zeit des 5. vorchristlichen Jahrhunderts. Herodot verstand sich nicht als Entdecker neu-
er Dinge, sondern als Historiker, der festhalten wollte,
was er auf den großen Handelsrouten, die damals alles
andere als unbeschwerlich zu bereisen waren, an Infor-
mationen fand. So schrieb er ein neunteiliges, fesselndes,
lebendiges Geschichtswerk über Könige und Künstler,
Götter und Helden, Philosophen und Feldherren der gesamten damals bekannten Welt – von Ägypten über Griechenland und Kleinasien bis nach Mesopotamien und die
angrenzenden Länder. Dass später manche seiner Be-
hauptungen widerlegt wurden, tut zwar bisweilen seiner Glaubwürdigkeit, nicht aber der Aussagekraft seines
Werkes Abbruch.

Ebenfalls skeptisch werden heute die Überlieferungen
von Ktesias, Xenophon und Diodorus Siculus beurteilt,
vor allem, weil sie sich in ihren Berichten oft einander
widersprechen oder gar gegenseitig widerlegen. Die antike Welt war geradezu süchtig nach Geschichten, und
es ist nicht auszuschließen, dass so mancher Augenzeu-
genbericht »aufgepeppt« wurde, um ihn spannender zu
machen und um damit dem Publikum entgegenzukom-
men.

Als zuverlässig gilt der Geograph Strabon, der zahl-
reiches Material zusammentrug, mit dessen Hilfe versun-
kene oder verschüttete Städte, Heiligtümer oder Tempel
wiedergefunden und rekonstruiert werden konnten.

Und schließlich Pausanias, ein Reiseschriftsteller, der
im 2. Jahrhundert n. Chr. einen »Führer durch Griechen-

land« für römische Reisende schuf und darin einen ausführlichen Überblick über allerlei Wissenswertes gab.

Mit dem Untergang des Römischen Reichs ging auch das Interesse an den Wundern der antiken Welt verloren. Die Christen entdeckten die Weltwunder erst auf ihren Kreuzzügen, sahen sie jedoch als heidnisch an und verwendeten sie zum Teil als Steinbrüche.

Erst die Renaissance erinnerte sich im 15. Jahrhundert wieder an das antike Erbe. Doch noch weitere zweihundert Jahre vergingen, bevor sich der Wiener Architekt Johann Fischer von Erlach (1656–1723) dem genauen Studium der vorhandenen Quellen über die Weltwunder widmete. Er verglich die vorhandenen Münzabbildungen mit den schriftlichen Überlieferungen für seinen »Entwurf einer historischen Architektur«. Seine Rekonstruktionen sind jedoch eine Mischung aus zeichnerischer Akribie und blühender Phantasie.

Erst im vorletzten Jahrhundert, mit dem Aufschwung der Archäologie und der wissenschaftlichen Erforschung der klassischen Antike, wurden die Rekonstruktionen zuverlässiger. Ganze Städte wurden ausgegraben, in Griechenland, in Kleinasien. Tempel, Mauern, Paläste, Theater wurden freigelegt, eine Unzahl Statuen, Keramiken, Schmuck, Waffen und Gebrauchsgegenstände des Alltags ans Tageslicht befördert. Aus dem geheimnissüchtigen und nicht selten raffgierigen Ausgräber der ersten Stunde wurde ein Fährtensucher, ein Gelehrter, ein »Wissenschaftler des Spatens«. »Die einzigen Siege sind die, welche der forschende Geist über die Unwissenheit erringt«, sagte Napoleon Bonaparte.

Durch die Entzifferung der Hieroglyphen und der Keilschrift erfuhr man, dass es vor Griechenland und Rom große Kulturen gegeben hatte – Ägypten, Mesopotamien und die angrenzenden Länder des östlichen Mittelmeerraumes. Kulturen, in denen sich einst die Traditionen, Wissenschaften und Künste entwickelt hatten, in denen die westliche Kultur wurzelt.

Völker und Herrscher vergingen, die großartigsten Zeugnisse der Kultur und der Kunst wurden zertrümmert, zerstört oder gänzlich vernichtet.

Heute können die wenigen Reste, die von den Sieben Weltwundern geblieben sind, nur in zumeist dunklen Museumsräumen bei künstlichem Licht bewundert werden. Sie geben nur mehr eine Ahnung von ihrer einstigen Farbenpracht, ihrer Umgebung im gleißenden Licht, in ihrem Klima und ihrer Landschaft, belebt von den Menschen ihrer Zeit. Wir erhalten nur noch einen rudimentären Einblick in Städte und Länder, die einst den Mittelpunkt der Welt bildeten.

Was blieb, war und ist das Traumbild des menschlichen Bemühens, die Erinnerung an die Gipfelpunkte menschlicher Zivilisation und Kultur; die Erkenntnis, dass die Entwicklungen von gestern, die einer alten, längst vergangenen Welt, uns heute noch immer beeinflussen und prägen.

Kupferstich von Johann Fischer von Erlach

Erstes Kapitel

Die große Pyramide von Gizeh

Jahrtausende haben die ägyptischen Pyramiden überdauert. Sie sind das einzige Weltwunder, das noch zu
besichtigen ist, und doch sind sie noch immer geheimnis-
umwittert und von ungelösten Rätseln umgeben. Mag
sein, dass die Phantasie das, was endgültig versunken
und verschwunden ist, sich prächtiger ausmalt, als es
in Wirklichkeit war. Die Pyramiden jedenfalls sind ein
großartiger Maßstab für die untergegangene Großar-
tigkeit der übrigen Weltwunder. Was immer an den Pyramiden gemessen werden konnte, was man in einem
Atemzug mit ihnen nannte, muss in der Tat staunenswert gewesen sein.

Ein unlösbares Rätsel

Das Kulturland Ägyptens ist nur sechsundzwanzig-
tausend Quadratkilometer groß, also kleiner als Belgien.
Zu beiden Seiten des Nils, der in den Gebirgen und
Sümpfen Zentralafrikas entspringt, war es ein schmaler
Streifen Land von etwa zwölfhundert Kilometer Länge.
Dieser schmale Landstreifen verbreitete sich zweihun-
dertachtzig Kilometer vor der Mündung des Nils in das
Mittelmeer zu einem mit der Spitze nach Süden gerichte-
ten Dreieck, dem Delta. Der Nil und die mit seiner Hilfe
geschaffenen Kanäle sowie die idealen klimatischen Ver-
hältnisse waren die Quellen des Reichtums Ägyptens.
Mit ausdauerndem Fleiß und einem hohen Grad an Ge-
schicklichkeit bebauten die Ägypter ihre riesige Nil-Oase,
und daran hat sich bis heute kaum etwas geändert.
    »O Ägypten, Ägypten – deine Religion wird nur noch
eine Fabel sein, die deine eigenen Kinder nicht mehr

glauben. Nichts wird bleiben als Worte in Stein gehauen. Götter und Menschen werden sich schmerzvoll trennen. Und es wird scheinen, als habe Ägypten umsonst mit frommem Gemüt an der Verehrung der Gottheit gewirkt«, so prophezeite es Priesterweisheit am Ende des ägyptischen Reiches. Der ewig wandernde Sand der Wüste verwehte die heiligen Stätten. Und mit dem Sieg des Christentums im Laufe der Spätantike erlosch die Kenntnis von der »heiligen« Hieroglyphenschrift für fünfzehnhundert Jahre. Ägypten wurde ein unlösbares Rätsel, ein hermetischer Raum für Geheimnisforscher, Abenteurer, Astrologen und Verschwörungstheoretiker.

Erst die Expedition Napoleons nach Ägypten im Jahr 1799 und die damit verbundene Erschließung des Nil-Tals brachte die Wende. Bei Schanzarbeiten französischer Soldaten wurde der sogenannte Stein von Rosetta entdeckt, auf dem ein Priesterdekret in hieroglyphischer, koptischer und griechischer Sprache und Schrift eingemeißelt war. Es gelang dem Franzosen François Champollion, die Schrift zu entziffern und nach zehn Jahren mühsamer Erforschung 1822 zum Verständnis aller erreichbaren Inschriften und Papyri vorzudringen.

Als der geniale Forscher 1832 starb, hatte er den Schlüssel zum wahren Verständnis der Geschichte des alten Ägypten gefunden. Erst jetzt war es möglich, den ägyptischen Kalender, der auf der Einteilung des Jahres in drei Jahreszeiten basierte, zu verstehen und damit die Perioden der Geschichte Ägyptens zu erkennen.

Die Welt der Pharaonen

Fünftausend Jahre lang regierten im altägyptischen Reich die Pharaonen – Könige ihres Landes und als Söhne des Sonnengottes Re unumschränkte Herrscher über Leben und Tod, Mittler zwischen Himmel und Erde. Schon zu Lebzeiten als Gottkönige verehrt, wurden die

Pharaonen nach ihrem Tod den anderen Göttern gleichgestellt.

Um seine Stellung als Gottkönig über den Tod hinaus zu manifestieren, begann der Pharao bereits zu Beginn seiner Herrschaft mit dem Bau eines Grabmals, einer Pyramide, die alle bestehenden Bauwerke an Größe, Pracht und Himmelsnähe übertreffen sollte.

Ein wesentlicher Bestandteil der ägyptischen Religion war die Vorstellung, der Pharao werde nach seinem Tod zu den Sternen aufsteigen, wo sein Vater Re, der Große Gott, ihn in seinem himmlischen Sonnenschiff abholen werde.

Da der gesamte Staat letztlich in der Person des Pharao konzentriert war, blieb es daher die höchste Aufgabe des Reiches, dem König auch nach dem Tod die Herrscherstellung für alle Ewigkeit zu erhalten. Seine Eingeweide wurden zum Schutz vor Verwesung in Krügen aufbewahrt, verziert mit den Köpfen der Horussöhne, die Hülle des Körpers durch Einbalsamierung für Zeit und Ewigkeit konserviert. Das Herz wurde durch einen steinernen Skarabäuskäfer, das Abbild des Sonnengottes, ersetzt, auf dem die Worte stehen: »O Herz, tritt nicht gegen mich als Zeuge auf.«

So wurde der Körper des Pharao zur Mumie, vor gewaltsamer Zerstörung von außen geschützt. Sogar Nahrung wurde dem Toten, der ja in Wahrheit ewig lebte, mitgegeben. Für die Opfergaben wurden Gefäße zur Aufnahme von Salben und erfrischenden Flüssigkeiten aufgestellt. Das Abbild des Pharao wurde errichtet, damit der Geist des Toten in ihm Wohnung nehmen konnte.

In das Grab wurde eine große Steintafel in Gestalt einer verschlossenen Haustür, der sogenannten Scheintür, eingemauert: der Eingang in die Welt der Geister. Die Welt, die den Lebenden umgeben hatte, sollte auch dem Toten zugänglich sein: Familie, Diener, Knechte, Felder und Rinder, Fische und Vögel und die ganze Köstlichkeit des Lebens. Der Sinn dieses Totenkults: das kurze Menschenleben in alle Ewigkeit zu verlängern. Das scheinbar Unmögliche möglich zu machen.

Und der Pharao ließ seine Familie teilhaben an seiner Unsterblichkeit: Gemahlinnen und Kinder, die Mitglieder seines Hofstaats und die höchsten Reichsbeamten. Rings um die Gräber der Pharaonen entstanden Totenstädte für die Angehörigen der königlichen Familie. In regelmäßig angelegten Straßen reihte sich Grabbau an Grabbau. Was dem Pharao im Großen, im Übermenschlichen errichtet wurde, wiederholte sich dort in überschaubaren Maßen.

Wenn auch Ägypten zum Mittelpunkt der ganzen Welt wurde – mit der Zeit begann der Boden unter den lebenden Pharaonen zu wanken. Noch saßen sie auf den Thronen, aber die Priester und Adlige gewannen mehr und mehr an Macht. Der Sonnengott Re wurde zum neuen Gott auf Erden, und die Könige wurden seine Diener. Hinter den Königsstädten von Memphis entstand das Sonnenheiligtum von Abusir. Die Idee des Gottkönigtums erlosch. Re war der neue Herrscher des Reiches und aller Welten, und der Pharao sein gehorsamer Sohn, der seinen Willen erfüllte, aber nach seinem Tod zum Gott wurde.

Schließlich waren die Pharaonen des sogenannten *Alten Reichs,* das kaum sechshundert Jahre bestand, entthront. Geblieben sind die Pyramiden von Gizeh, das erste und älteste der Sieben Weltwunder der Antike.

DIE PYRAMIDEN VON GIZEH

Die Großstadt Kairo, mit acht Millionen, in der Agglomeration zur Zeit über vierzehn Millionen Einwohnern, hat sich längst an die Pyramiden heran geschoben. Kairo ist ja, zur Überraschung der meisten Reisenden, eine moderne Großstadt mit Hochhäusern: Das unabsehbare Häusermeer hat die Motive aus Tausendundeiner Nacht, die vierhundert Moscheen und die Gräber der Kalifen überwältigt.

Nur acht Kilometer vom Stadtzentrum entfernt, am Rande der Lybischen Wüste, deren Hitzewellen über Kairo hinweg ziehen, liegen die Pyramiden, schon nahe an die Metropole herangerückt, was irgendwie nicht angemessen erscheint. Das Gefühl trügt nicht: Ursprünglich waren die Pyramiden in weitem Abstand von Mauern umgeben, feierliche Prozessionen bewegten sich auf große Tore zu. Die Pyramiden waren unnahbar, erstrahlten hinter den Mauern des Tempelbezirks wie riesige Kristalle.

Es war König Cheops, ein energischer Herrscher, mit dem die 4. Dynastie begann und der mit seiner Pyramide das gewaltigste Bauwerk der Geschichte errichten ließ.

Die Ausmaße der Großen Pyramide von Gizeh, errichtet etwa um 2600 v. Chr., sind bis heute unübertroffen. Ihre Grundfläche – eine quadratische Basis von 230 Meter Seitenlänge – entspricht einer Größe von sieben Fußballfeldern, und fünf der größten Kirchen der Erde könnten in ihr Platz finden: die Peterskirche in Rom, die Dome von Mailand und Florenz, die St. Pauls-Kathedrale und die Westminster-Abtei in London.

Die Pyramide des Cheops, genannt »Horizont des Cheops«, die größte, heute 137 Meter hoch, einst noch zehn Meter höher, würde das Straßburger Münster überragen. Steht man zu ihren Füßen, verschlägt es einem den Atem. So groß, so mächtig hat man sie sich nicht vorgestellt.

Südwestlich von dem Bau des Cheops ließ sich der Pharao Chephren auf dem gleichen Felsplateau seine Pyramide nach den gleichen Prinzipien erbauen wie sein großes Vorbild. Die kleinste der Pyramiden von Gizeh ist die von Mykerinos, Chephrens Sohn und Nachfolger. Mit den beiden großen Pyramiden und der nach Osten, nach Sonnenaufgang, errichteten geheimnisvollen Sphinx bietet dieses Ensemble von Gizeh ein überwältigendes Panorama.

Zwar sind die Pyramiden, für sich betrachtet, Wunder der von Menschen geschaffenen Welt, doch sind sie nur ein Teil der Grabanlage. Der Gesamtkomplex bestand aus dem am Ufer des Nils gelegenen Torbau, dem bis zu vier Kilometer langen Aufweg zum Wüstenplateau, dem Totentempel zu Füßen der Pyramide mit Vorhalle und Säulensaal und der Pyramide als Krönung.

Die Pyramide des Chefren trägt an ihrer Spitze noch die Reste des glatten Steinmantels, der einmal alle Pyramiden umhüllte. Die Außensteine wurden in späterer Zeit abgetragen, um Häuser daraus zu bauen. Die Chephren-Pyramide ist heute 136 Meter hoch; ihr ursprüngliches Maß war 143 Meter. Obwohl sie kleiner als die Cheops-Pyramide ist, erscheint sie, besonders von der Wüste her, größer, da sie auf einem etwas höheren Plateau liegt. Die Pyramide des Mykerinos, ab ca. 2600 v. Chr., ist mit heute 62 Metern Höhe noch knapp halb so hoch.

Idee und Symbol der Pyramiden

Was waren diese Pyramiden? Den Menschen des alten Ägypten galten sie als »Thron des Sonnengottes«, der sich auf seiner Tagesreise hier ausruhen konnte und sich auf den polierten Steinschrägen spiegelte. Der Thron des Sonnengottes war zugleich Grabmal des Gottkönigs, ein Schutzgebirge über dem Sarg des Pharao, dessen Körper unversehrt bleiben sollte, der Vorstellung folgend, dass die Seele, die beim Tod den Körper verlässt, ihn später wiederfinden müsse.

Doch was war der Grund für ihren Bau? Die ursprüngliche Intention, den Sarg des verstorbenen Pharao aufzunehmen und ihn durch monumentales Steinwerk um die Grabkammer herum gegen Grabräuber zu schützen, reicht als Erklärung nicht aus. Denn längst ist erwiesen, dass eine derartige Vorsichtsmaßnahme – falls sie wirklich eine war – sinnlos gewesen ist. Die Grabkammer wurde ebenso ausgeraubt wie fast alle bisher in Ägypten entdeckten Grabmäler. Deshalb war es eine Sensation, als der Engländer Howard Carter 1922 das verschüttete Grab des Tut-anch-Amun entdeckte und sowohl die Maske der Mumie aus purem Gold als auch die in der Grabkammer gefundenen Schätze der Forschung zur Verfügung stellte.

Der Bau der Pyramiden

Für den Bau der Großen Pyramide waren mindestens einhunderttausend Menschen nötig, die in ständigem Wechsel ihre Arbeitskraft einsetzten. Im Bauzentrum waren neben den Baumeistern, Wissenschaftlern und Organisatoren als feste Angestellte vor allem Maurer, Steinmetze, Zimmerleute und Fährmänner das ganze Jahr hindurch beschäftigt. Eine perfekte Organisation hielt das unvergleichliche Unternehmen in Bewegung: Die Einberufung, Einkleidung, Unterbringung, Verpflegung und Einteilung des Heeres von Transportarbeitern, zumeist Bauern, erforderte exzellente Managementqualitäten.

Jedes Jahr im Juni, wenn sich erstmals am nördlichen morgendlichen Sternenhimmel die Sothis zeigte, die auch Sorius genannt wurde, kündigte sich das neue Jahr an. Für die Ägypter ein untrügliches Zeichen – drei Wochen später musste mit der Überschwemmung des Nils gerechnet werden. Seit Generationen wussten die Bauern, dass ihre Felder überflutet und sie monatelang untätig und arbeitslos sein würden. So erwarteten sie das Erscheinen der Schreiber des Königs, die sie zum Bau der Pyramide holten. Vielleicht hätten sie lieber während dieser Zeit mit ihren Frauen getanzt, ihre Hütten repariert oder wären auf die Affenjagd gegangen, doch es galt als gute Tat und religiöse Pflicht, dem Pharao zu dienen.

So zog bald eine Karawane von zahllosen Bauern zum Fluss in Richtung Gizeh, den schmalen Uferstreifen mit Getreidefeldern, Obstgärten und Gemüsebeeten entlang. Die Üppigkeit der Früchte und das hochstehende Getreide ließen die erbarmungslose Wüste vergessen, die wenige Schritte entfernt auf beiden Seiten des Flusses lauerte. »Unser Land ist ein Geschenk des Nils«, sagten die Ägypter voller Freude über den fruchtbaren Schlammboden, den der Fluss mit sich brachte und der zusammen mit der ungeheuren Kraft der Sonne drei Ernten im Jahr ermöglichte. Den fehlenden Regen ersetzte der Tau, der nach kühler Nacht morgens auf den Feldern lag.

Die Bauern führten ein fast sorgloses Leben, sie hatten keinen Hunger zu leiden und lebten »vom Tisch des Königs«. Als Gegenleistung lieferten sie einen Teil der Ernte an das staatliche Haus der Lebensmittel und an das Ackerhaus und bezahlten Steuern.

Es entspricht nicht den Tatsachen, den Bau der Pyramiden als erpresste Dienstleistung zu bezeichnen. Die Bauern leisteten zwar Fronarbeit, doch sie wurden gut versorgt, bekamen Kleidung und Essen und kehrten drei Monate später, wenn die Nil-Überschwemmung vorbei war, zu ihren Familien und ihren Feldern zurück.

Verabschieden wir uns also von der jahrhundertelang beliebten Vorstellung, die Pyramiden seien das Werk von Steine schleppenden Sklavenarbeitern, angetrieben von den Peitschen brutaler Aufseher. Der Pyramidenbau galt als religiöses Gemeinschaftswerk, als eine Verherrlichung des Pharao, der Gott auf Erden war und nach seinem Tod zu den Göttern zurückging, seinem Volk aber verbunden blieb. In den Monaten der Nil-Überschwemmung bot der auch religiös motivierte Pyramidenbau den Bauern Arbeit und Brot. Die Namen von Bautrupps sind durch Inschriften überliefert. Sicherlich galt dies als eine besondere Ehre und Auszeichnung. Wären hier Sklaven, wie wir diesen Begriff heute verstehen, am Werk gewesen, hätte man sie nicht auf Stein verewigt.

Nicht unterschätzt werden sollte die jahrelange Vorbereitung, bevor überhaupt mit dem Bau der Pyramide begonnen werden konnte. Zunächst musste eine passende Baustelle am Ufer des Nils gefunden werden; die Pyramide ließ sich schließlich nicht irgendwo in den Sand setzen; sie wäre bei einem Gewicht von vielen Millionen Tonnen Gestein unweigerlich versunken. Es musste ein felsiger Untergrund sein, der das Bauwerk trug. Einen kurzen Kamelritt von Kairo fand man ihn: Gizeh.

Nun musste das gewaltige Felsplateau planiert werden, absolut eben, denn bei einem solchen geometrischen Bau würde sich die kleinste Abweichung bemerkbar machen. Dann wurde rund um die Grundfläche des Fundaments von 52.500 Quadratmetern eine rechteckige, exakt bearbeitete Pflasterung gelegt. Jede Seite misst 232,74 Meter und zeigt genau nach einer der vier Himmelsrichtungen.

Der größte Teil der Arbeit bestand dann im Transport der Steinblöcke. Nahezu 2,5 Millionen Quader, jeder mit einem Gewicht von etwa zweieinhalb Tonnen, mussten herbeigeschafft werden. Die Kalksteinblöcke kamen aus den Bergen auf der anderen Seite des Nils und mussten über den Fluss geschifft werden. Die Granitblöcke wurden sogar aus dem sechshundert Kilometer entfernten Assuan, auf dem Hochwasser des Nils, herangebracht. Einige der Granitblöcke wogen siebzig Tonnen, das entspricht dem Gewicht einer Eisenbahnlokomotive.

Eine perfekte Technik und hochentwickelte Werkzeuge wurden eingesetzt, um die Steinblöcke aus den Felsen zu lösen und in eine rechteckige Form zu meißeln. Doch wie wurden die riesigen Kalksteinquader bewegt? Wahrscheinlich wurden sie zunächst mit Hilfe von Seilen auf einen hölzernen Schlitten gehievt und

Modell des Rampensystems, das wahrscheinlich beim Bau der Pyramiden angewandt wurde. (Museum of Science, Boston)

festgezurrt. Über lose verlegte Balken in der Art eines »rollenden Systems« wurden sie zum Ufer gezogen, wo große Barken zum Übersetzen bereitstanden. Millimeter für Millimeter wurde geschoben, angehalten, ausgeglichen. Es erforderte unendliche Geduld, bis ein Stein die richtige Position auf dem Schiff hatte, damit die Gefahr des Kenterns gebannt war. Der Fährmann musste dann beim Übersetzen die Sandbänke des Nils sicher umschiffen.

Vom anderen Ufer wurden die Steinblöcke dann aufwärts bis zum Bauplatz auf dem Felsplateau gebracht. Auf den polierten Platten einer zwanzig Meter breiten

Baurampe, die stetig mit der Höhe der Pyramide wuchs, konnten dann die mit den schweren Quadern beladenenen Holzschlitten, deren Kufen eingefettet waren, relativ einfach nach oben gezogen werden. Vielleicht gab es auch mehrere dieser Rampen oder die Rampe wurde in Form einer Serpentine um die Pyramide herum zur Spitze geführt.

In zweihundert Schichten wurden die Steinquader übereinander getürmt, auf eine Höhe, die ein Wolkenkratzer mit vierzig Stockwerken erreicht. Abgeschlossen wurde der Gipfel der Pyramide mit einem Schlussstein, Pyramidon genannt, weil er selbst die Form einer kleinen Pyramide hatte. So groß und so schwer wie kein anderer Stein, reflektierte er mit seiner glänzenden Oberfläche die Strahlen der aufgehenden Sonne und bot so ein überwältigendes Naturschauspiel.

Die Setzung des Schlusssteins war Anlass zu einer feierlichen Zeremonie, einer Art Richtfest. Doch vollendet war die Pyramide damit noch nicht. Die gesamte Außenfläche der vier Pyramidenseiten wurde noch mit Deckplatten aus poliertem Kalkstein verkleidet. Sie waren so sorgfältig bearbeitet, dass sie in ihren Ausmaßen höchstens Millimeter voneinander abwichen, und wurden so dicht aneinandergesetzt, dass kaum Fugen sichtbar waren.

Doch wie wurde diese Verkleidung angebracht und befestigt? Noch immer sind sich die Fachleute nicht ganz sicher. Heute sind an der Großen Pyramide nur noch die Steine des Kernbaus zu sehen, so behauen, dass sie sich mit den nicht mehr sichtbaren Verkleidungssteinen verzahnen konnten.

Der letzte Arbeitsschritt war dann das sehr sorgfältige Schleifen und Polieren der Außenplatten. Die Pyramide sollte funkeln wie ein Kristall, glänzen im Licht der Sonne wie der Sterne.

IM INNEREN DER CHEOPS-PYRAMIDE

Der Eingang der Cheops-Pyramide liegt in 15 Meter Höhe, genau nach Norden. Er war sorgfältig vermauert, sollte für immer unzugänglich, später dann vergessen, nicht mehr auffindbar sein.

Vom Eingang führt ein rund einhundert Meter langer Gang schräg nach unten durch den Fels in eine Grabkammer, die unter der Pyramide aus dem gewachsenen Fels herausgemeißelt wurde. Dieser Gang im tiefen Inneren der Pyramide ist exakt auf den Zirkumpolarstern, den Drehpunkt des Himmelsgewölbes, ausgerichtet. Der Pharao, der sich auch als »irdischer Polarstern« verstand, dokumentierte damit seinen Wunsch und seine Hoffnung, von der Erde zum Himmel aufzusteigen und die Vergänglichkeit zu überwinden.

Ein zweiter, 38 Meter langer, sehr niedriger Gang führt im Innern von der Bodenfläche aus schräg nach oben. Er verläuft dann waagrecht und wird auch höher, so dass Menschen aufrecht gehen können. Dieser Gang endet in einer genau unter der Spitze der Pyramide gelegenen Kammer, zwanzig Meter über dem Boden. Sie ist mit Turakalkstein so gleichmäßig ausgewandet, dass sie wie aus dem Felsen herausgehauen erscheint. Eine Abzweigung verfolgt die ursprüngliche Richtung weiter. Doch sie endet in einer Art Sackgasse, und der unfertig gebliebene Boden der Kammer lässt vermuten, dass das Projekt schließlich aufgegeben wurde.

Die Erbauer haben sich dann wieder mit dem ursprünglichen, schräg emporsteigenden Gang beschäftigt. Sie führten ihn 42 Meter weiter schräg nach oben, allerdings jetzt als große Galerie mit einer Breite von über zwei Metern und einer Höhe von über acht Metern. Die Galerie – mit Mokkadam-Kalkstein ausgekleidet – öffnet sich über einem kleinen Vorraum zur eigentlichen, mit schwarzem Granit ausgewandeten Grabkammer, die wiederum fast genau unter der Pyramidenspitze liegt.

Um Grabräubern den Zugang zur Pyramide zu verwehren, hatten sich die Erbauer einiges einfallen lassen. Um den Eingang und die Gänge verschließen zu können, waren riesige Sperrblöcke so vorbereitet, dass sie nach der Beisetzungsfeierlichkeit heruntergelassen werden konnten. Trotzdem fanden die Grabräuber ihren Weg.

Der Granitsarkophag wurde ohne Deckel und leer aufgefunden. Keine Inschrift, kein Schmuck erinnert an den Gottkönig. Die Mumie des Cheops, sollte er tatsächlich in dieser Pyramide beigesetzt worden sein, blieb verschollen – Grabräuber sind womöglich den Wissenschaftlern und den Touristen zuvorgekommen. Sie haben die Mauern überwunden, haben die Fallsteine rechtzeitig abgestützt. Sie haben im Innern der Pyramide miniert, unbemerkt von den Wachen, oder hatten mit diesen Wachen, vielleicht auch mit den Priestern, einen Pakt geschlossen. Sie haben die Schätze weggeschleppt, die Mumie des Pharao vielleicht verschwinden lassen.

Wer gegen die Wände ruft, dessen Echo bleibt lange stehen. Die Granitquader in der großen Halle sind so tadellos aneinandergefügt, dass man weder ein Haar noch eine Nadel in die Fugen bringen könnte. Der Aufenthalt in der Pyramide ist beklemmend; er treibt den Schweiß aus den Poren. In einem früheren Baedeker-Reiseführer steht die Warnung: »Leidenden Personen ist der Besuch wegen der dumpfen, heißen Luft zu widerraten.« Doch ist man in der Königskammer nicht hermetisch abgeschlossen: Schmale Lüftungskanäle führen nach draußen, einer nach Norden zur Schattenseite, einer zur südlichen Sonnenseite. Die Kammer ist also belüftet; man müsste sonst nach Luft ringen.

Abenteuerliche Spekulationen haben die Pyramiden zu Zeugnissen astronomischen Wissens erklärt. So hätten

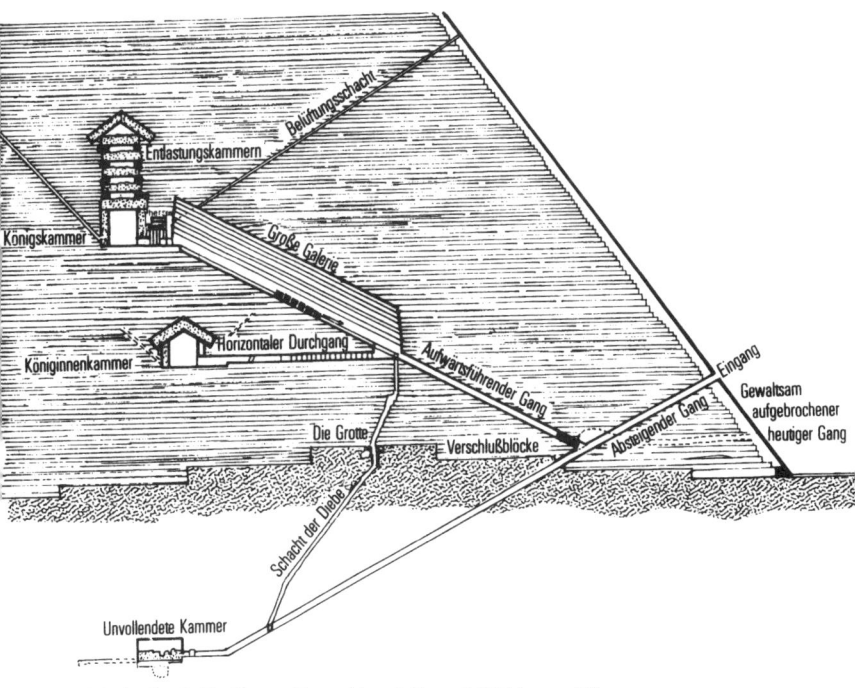

Schnitt durch die Cheops-Pyramide mit ihren Schächten und Kammern.
(Nach G. Gyon)

die Ägypter zum Beispiel den Abstand zwischen Erde und Sonne genau gekannt. Spekulative Wissenschaftler geben nur zu gern der Versuchung nach, aus den Maßen der Großen Pyramide und ihrer Ausrichtung alles Mögliche und Unmögliche herauslesen zu wollen. Dass die Ägypter der Antike über ein vorzügliches geometrisches Wissen verfügten, kann nicht bestritten werden. Jedes Jahr mussten nach der Nil-Überschwemmung die verwischten Flurgrenzen wiederhergestellt und die Ackerflächen neu vermessen werden. Die Steuer wurde nach der Größe der Felder festgesetzt. Der Flächeninhalt von Vier- und Dreiecken konnte ebenso berechnet werden wie der eines Kreises: »dreieinsiebtel mal Halbmesser«, wie auf einem 3 500 Jahre alten Papyrus, der heute im Britischen Museum in London verwahrt wird, nachzulesen ist.

Als Herodot, der griechische Reiseschriftsteller und »erste Historiker«, staunend vor den Pyramiden stand, erfuhr er, was damals durch zwei Jahrtausende überliefert war: Von ihm stammt die Information der »hunderttausend Arbeiter«. Denn zehn Jahre lang seien jeweils zehntausend Menschen mit den Vorarbeiten zum Bau der Cheops-Pyramide beschäftigt gewesen, während der drei Überschwemmungsmonate, in denen die Feldarbeit ruhte.

Der eigentliche Aufbau der Cheops-Pyramide hat dann bei jährlich vierteljährigem Arbeitsdienst noch einmal zwanzig Jahre gedauert: Zuerst sei ein Stufengebäude geschichtet worden, berichtet auch Herodot, dann habe man die Stufen ausgefüllt, schließlich seien die Pyramidenflächen von oben, von der Spitze her, mit vulkanischen Schleifsteinen geglättet worden. So seien die Riesenkristalle, deren Seiten tags die Strahlen der Wüstensonne, nachts das Mondlicht spiegelten, entstanden. Die Forschung hat diese alte Überlieferung im wesentlichen bestätigt.

Herodot berichtet, an der Großen Pyramide sei verzeichnet gewesen, wieviel man beim Bau allein für die Verpflegung der Arbeit, für Gemüse, Zwiebeln und Knoblauch ausgegeben hätte. »Wenn ich mich recht erinnere, was der Dolmetscher, der mir vorlas, gesagt hat, so waren es 1 600 Talente Silber.« Das wären umgerechnet rund 3,5 Millionen Euro.

Zum Bild der Pyramiden gehört die Sphinx, die zu ihren Füßen ruht: das größte Bildwerk der Menschheit, zwanzig Meter hoch und vierundsiebzig Meter lang. Herodot hat die Sphinx nicht erwähnt. Sollte er sie, überwältigt vom Gesamteindruck der Pyramiden, schlicht vergessen haben? Wahrscheinlicher ist, dass sie zur Zeit seines Besuches gar nicht zu sehen, weil wieder einmal zugeweht war. Immer wieder musste sie aus dem Wüstensand gegraben werden.

Sah sich die Sphinx zu Füßen der Pyramiden auch immer wieder von der Wüste bedrängt, die Pyramiden selbst konnte der heranwehende Sand nicht ernstlich bedrohen. Sie trotzten den Jahrtausenden, der Wüste und dem Menschen. Generationen haben das Weltwunder als Steinbruch benutzt, sie vermochten jedoch nicht mehr, als den Mantel herunterzubrechen.

Vor den Pyramiden verharrte Alexander der Große in Schweigen, verstummte Caesar, diktierte Napoleon seinen Tagesbefehl: »vierzig Jahrhunderte blicken auf euch herab!« Ernest Renan, der französische Historiker und Philosoph, hat das Alte Ägypten »ein Leuchtfeuer in den umnachteten Meeren der Urzeit« genannt. »Das große Ägypten der Pharaonen schläft und träumt«, schrieb Jean Cocteau, »nach seinem Untergang gleicht es einem verlassenen Bienenstock, den Hummeln in Besitz genommen haben.«

Kupferstich von Johann Fischer von Erlach

ZWEITES KAPITEL

DIE HÄNGENDEN GÄRTEN VON BABYLON

Mesopotamien – Land zwischen den Strömen – so nannte der griechische Historiker Polybios im 2. Jahrhundert v. Chr. das Gebiet, das von Euphrat und Tigris umschlossen war: im Süden das Land Sumer mit den Städten Ur, Uruk und Babylon, später das Reich Babylonien genannt, im Norden Assyrien mit den Städten Assur und Ninive.

In diesem Land blühten im Verlauf von viertausend Jahren viele Kulturen, die mit dem Ende der Steinzeit begannen.

Im 3. Jahrtausend v. Chr. veränderte der Euphrat seinen Flusslauf. Die Bewohner zahlreicher Ortschaften waren zu einer Umsiedlung gezwungen und gründeten eine neue Stadt, die sie Babel, Bab-ilu, Nabel der Welt oder Pforte Gottes nannten. Um 1700 v. Chr. erhob König Hammurabi das damals noch kleine Städtchen zur ersten Hauptstadt. Er führte sie zu großer wirtschaftlicher und kultureller Blüte und schmückte sie mit prächtigen Tempeln und Palästen.

Aus dieser Zeit konnte im 19. Jahrhundert ein Gesetzesstein geborgen werden, der heute im Louvre in Paris zu besichtigen ist: ein 2,25 Meter hoher Steinpfeiler mit dem sogenannten Codex Hammurabi. In diesem Gesetzbuch war erstmalig ein einheitliches Straf- und Zivilrecht für das gesamte Land graviert. Es bestand aus zweihundertzweiundachtzig Paragraphen in babylonischer Keilschrift.

DIE ENTZIFFERUNG EINER KULTUR

Unser Wissen von der Geschichte dieses geheimnisvollen Landes Mesopotamien ist jung. Im Jahr 1625 hatte der italienische Adlige Pietro della Valle von einer Reise durch Mesopotamien, die ihn auch nach Ur und Babylon führte, die ersten mysteriösen Keilschriftzeichen nach Europa mitgebracht. Entziffern konnte sie niemand.

Schließlich entdeckte der englische Offizier Henry Rawlinson im Jahr 1842 in Behistun, in der Nähe der Westgrenze des Iran gelegen, ein Relief aus dem Jahr 500 v. Chr. in den steilen Felsen, in einer Höhe von fünfzig Metern. Es war ein Siegesdenkmal des persischen Königs Dareius I., auf dem in altpersischer, elamischer und babylonischer Sprache Näheres über seine Schlachten und Siege zu lesen war. Unter größten Mühen kopierte Rawlinson eigenhändig Tausende von Zeichen und hoffte, durch Sprach- und Schriftvergleich die immer noch unlesbare Schrift der Babylonier enträtseln zu können. Aber erst sechs Jahre später konnten Gelehrte den mit hundertelf verschiedenen Zeichen verwirrenden elamischen Text übersetzen.

Die Enträtselung der komplizierten, dreidimensionalen babylonischen Keilschrift gelang allerdings immer noch nicht. Man fand zwar fünfhundert verschiedene Kombinationen von Keilschriftzeichen, aber kein Alphabet.

In den vierziger Jahren des 19. Jahrhunderts begannen mehrere Forscher mit den Ausgrabungsarbeiten an verschiedenen Orten. Doch erst um die Jahrhundertwende gelang es, ganze Stadtviertel und Tempelkomplexe freizulegen und methodisch zu erforschen – die deutschen Forscher Robert Koldewey in Babylon und Uruk sowie Walter Andrae in Assur waren Pioniere.

Noch immer ruhen riesige ungehobene Schätze in dieser Erde, noch immer sind viele Probleme ungelöst.

Das Babylon Nebukadnezars

Im Jahr 587 v. Chr. stellte sich Nebukadnezar II., König von Babylon (605–562), an die Spitze seines Heeres, um Israel, die ehemalige assyrische Provinz, zu erobern. Stolz ließ er niederschreiben: »Nebukadnezar, der Günstling des Marduk, der erlauchte Priesterfürst, der Prophezeite, der erstgeborene Sohn Nabupolassars, des Königs von Babylon, bin Ich.«

Jeremia, der Mann aus Juda, hatte prophezeit: »Weh dir, Jerusalem. Ich habe gesehen deine Ehebrecherei, deine Geilheit, deine freche Hurerei, deine Greuel auf Hügeln und Äckern. So spricht zu mir der Herr: Ich will sie heimsuchen mit dem Schwert, das sie erwürgt, und mit Hunden, die sie fortschleifen. Ich will sie vertreiben aus diesem Lande, stoßen in ein Land, davon weder ihr noch eure Väter gewußt haben. Siehe, ich gebe diese Stadt in die Hand Nebukadnezars, des Königs zu Babel. Und die Chaldäer werden hereinkommen und sie mit Feuer anstecken und verbrennen.«

Anfangs hatte Nebukadnezar nach altbabylonischer Tradition ein Friedensherrscher sein wollen. Doch führte er im Laufe seiner dreiundvierzigjährigen Regierungszeit endlose Kriege. Seine Gegner waren immer wieder Assyrien, Syrien und vor allem Palästina. Das babylonische Heer zerstörte die heilige Stadt Jerusalem und seinen Tempel, schlachtete einen Teil der jüdischen Einwohner regelrecht hin. Nebukadnezar selbst stach dem König von Juda die Augen mit einem goldenen Dolch aus und führte das jüdische Volk, von dem er sich Nutzen versprach, in die »babylonische Gefangenschaft«. Es wurde behauptet, Nebukadnezar habe seine vielen Kriege nur deshalb geführt, um billige Arbeitskräfte für den aufwendigen und kostspieligen Ausbau seiner Stadt Babylon zu bekommen.

Von seinen siegreichen Kriegszügen brachte er kostbare Beutestücke mit. Rasch wuchs Babylon zu einem wichtigen Handelszentrum heran: Es kamen Purpur aus Phönizien, Weihrauch aus Arabien, Teppiche und Edelsteine aus Persien, Silber aus Spanien, Kupfer und Gold aus Ägypten und Gewürze und Elfeinbein aus Indien.

Nebukadnezars erklärtes Ziel war es, Ninive, die große Konkurrenzstadt im Norden, an Glanz und Macht zu übertrumpfen. Die Juden sahen den Ruhm und die Pracht und den Reichtum Babylons, der »himmlischen Stadt« am Euphrat, die für sie zum Gefängnis geworden war. Sie sahen die Tempel und hörten die Gebete. Sie sahen das Schloss des Königs mit seinen zahllosen Räumen und dem riesigen, neunhundert Quadratmeter großen Thronsaal – Mittelpunkt und Heiligtum der weltlichen Macht. Sie sahen das Museum, in dem der König die Denkmäler der Vergangenheit Babylons und die Beutestücke aus fremden Ländern sammelte. Sie hörten die Glocken der Tempel läuten, wenn die Karawanen der Kamele und Pferde, mit Rubinen, Purpur, Teppichen, Korallen und Perlen, mit Gold und kostbaren Spezereien beladen, an den Stadttoren eintrafen. Und sie sahen, gleich einem Traum, vor dem Hintergrund der endlos weiten und heißen Wüste in flirrender Luft die »Hängenden Gärten« – ein unerreichbares Paradies, ein zweiter Garten Eden, der ihre Phantasie und die unzähliger Generationen bis heute entzündete.

DIE HIMMLISCHE STADT

Wie mit den anderen Weltwundern beschäftigte sich der berühmte Barockbaumeister Johann Fischer von Erlach auch mit Babylon. In seinem 1725 in Wien veröffentlichten »Entwurf einer historischen Architektur«

versuchte er, nach den Angaben antiker Autoren ein exaktes Stadtbild zu rekonstruieren. Sein Babylon macht den Eindruck einer sich in gewaltigen Ausmaßen hinstreckenden Stadt, deren schiere Größe alles übertraf, was die Antike an Siedlungen zu bieten hatte.

Babylon, die »himmlische Stadt«, mit zwei Heerstraßen, drei Kanälen, acht Stadttoren und vierundzwanzig Straßen, mit dreiundfünfzig Heiligtümern der großen Götter und mit hunderten Kultstätten für Ischtar sowie die sieben Geister des Himmels und die sieben Götter der Erde, wurde überragt vom Tempel des Marduk, des Gewaltigsten unter den Göttern. Besonders berühmt waren die Paläste des Königs, die Mauern der Stadt und die Hängenden Gärten, die man zu den Sieben Weltwundern zählte.

Ischtar und ihr Kult

So sprach Ischtar, Babylons große Göttin der Liebe und des Todes, zum König: »Ich will dich schützen, wie eine Mutter ihre Kinder schützt, ich will dich zwischen meinen Brüsten bergen wie ein Schmuckstück an meiner Kette.« Und der König sprach zu seiner Stadt: »Wie mein kostbares Leben liebe ich dich, Babylon! Die Könige aller Weltteile und die ganze Menschheit mögen dir Tribut zollen. Mögest du dauern bis in alle Ewigkeit.«

In der Gestalt der Ischtar finden sich die Göttinnen verschiedener Völker und Kulturen miteinander verschmolzen, von denen die sumerische Göttin Inanna die bedeutendste war. Ischtar war die inspirierende Lebens- und Liebesgöttin schlechthin, eine Schützerin von Geburt und Familienleben, aber auch eine Verfechterin von Verführung, sexueller Orgiastik und Promiskuität. Mit ihren exzessiven Fruchtbarkeitskulten war die Tempelprostitution verbunden, die Israel ein besonderer Dorn im Auge war und Babylon den Ruf des »Sündenbabels« eintrug.

Das Ischtar-Tor in Babylon. Ansicht von Norden, beim Eintritt in die Stadt. (Rekonstruktion von R. Koldewey)

DAS ISCHTAR-TOR

Mitten durch Babylon führte die Prozessionsstraße, flankiert von lebensgroßen Fabeltieren. Dort beteten in den Tagen des Ischtar-Festes bis zu eine Million Frauen und Männer, wie Herodot berichtet, am Ischtar-Tor, das mit Hunderten vielfarbiger Stier- und Drachenfiguren geschmückt war.

Unter sengender Hitze dehnte sich die Stadt aus – auf den Rekonstruktionen hat man den Eindruck einer riesigen Garnisonsstadt, in die man durch riesige Tore gelangte – Tore als Symbole elementarer Lebenserfahrung, Sinnbilder der Vagina. In Babylon veranschaulichen die sakralen Tore den Eingang in das irdische Leben; geöffnet symbolisieren sie die Mysterien von Sexualität,

43

Fruchtbarkeit und Geburt, des Eingangs in die Welt des Göttlichen, des Eintretens in den heiligen Raum.

Das blaue Ischtar-Tor – dessen farbenprächtige Rekonstruktion im Pergamon-Museum in Berlin bewundert werden kann – zählte zu den schönsten und bedeutendsten Bauwerken Babylons und öffnete zusammen mit sieben weiteren Toren das unüberwindliche Mauerwerk: »Die Symbolbeziehung zwischen umgrenzter Stadt, schützendem Kollektiv und bergendem Mutterleib ist evident. Die Stadtmauer besaß neben ihrem schützenden Aspekt auch eine magische Dimension, eine Abwehrfunktion gegen Dämonen und dunkle Mächte. Die Weihe der Tore an Gottheiten erheilt hierbei eine besondere Bedeutung. So verdeutlichte das Ischtar-Tor allein durch seine geographische Ausrichtung nach Norden den schützenden und bergenden Aspekt der Göttin. In der astralen Symbolik verweist die nördliche Himmelsrichtung auf den nächtlichen Bezirk und damit auf die Herrschaft der Göttin über die Nacht und den Mond … Eine sanft ansteigende, großzügig mit Kalksteinen gepflasterte Prozessionsstraße führte zum Ischtar-Tor, dem Ort bedeutender Zeremonien und Festlichkeiten. Seine Außenmauern waren über und über mit Reliefs aus vorwiegend blaugrundig glasierten, farbig emaillierten Ziegeln geschmückt« (Jutta Ströter-Bender).

Der Turm zu Babel – ein übergangenes Weltwunder?

Warum wurde dieses gewaltige Tor, warum wurde auch der Turm von Babel, den die biblische Geschichte als ein Sinnbild menschlicher Anmaßung erwähnt, in der Liste der Weltwunder übergangen? Auf den ersten Blick mag es verwunderlich erscheinen, doch es lässt sich leicht erklären: Die älteste uns bekannte Liste der Weltwunder ist erst nach dem Tod Alexanders des Großen entstanden. Der Turm von Babel war zu dieser Zeit bereits vom Erdboden verschwunden. Alexander hat den Turm, den Herodot – zweihundert Jahre vor ihm – noch gesehen hatte, schon als Trümmerhaufen vorgefunden. Die Perser hatten ihn kurz zuvor niedergelegt.

Der junge König befahl den Wiederaufbau, doch als er sieben Jahre später, nach der Rückkehr aus Indien, zum zweiten Mal in Babylon einzog, war der Bauplatz immer noch nicht geräumt. Nur ein halbes Jahr später, noch bevor der Neubau beginnen konnte, war Alexander tot. Die Pläne blieben unausgeführt, und bald wusste niemand mehr zu sagen, wo der Turm überhaupt gestanden hatte. Hatte er überhaupt je existiert? Erst Robert Koldewey, der Archäologe Babylons, konnte seine Fundamente feststellen.

Die Trümmer, die Alexander wegzuräumen befohlen hatte, waren allerdings gar nicht die Reste des in der Bibel erwähnten Turmes; der war schon dreihundert Jahre früher eingestürzt. Nebukadnezars Vater hatte die Neugründung befohlen: einen neunzig Meter hohen, in sieben Stockwerken sich verjüngenden Turm. Der Spaten des Archäologen stieß auf das Fundament dieses Bauwerkes.

Die Festungsmauer

Auch wenn die mächtige Festungsmauer Babylons heute nicht mehr zu den Weltwundern gezählt wird, so soll sie doch im Zusammenhang mit den Gärten vorgestellt werden.

Nebukadnezar war von Bauwut geradezu besessen: Er konnte über die Reichtümer Assyriens, Syriens und Palästinas verfügen und machte Babylon zur ersten wirklichen Weltstadt der Geschichte. In Keilschrift hat er festhalten lassen: »Was kein König vor mir getan hat, tat ich. 4 000 Ellen Landes (das sind etwa zwei Kilometer) seitwärts der Stadt, fern, unnahbar, ließ ich eine gewaltige Mauer, gen Osten zu, Babylon umschließen. Ich grub ihren Graben bis auf das Grundwasser. Den Uferrand baute ich mit Asphaltmörtel und Brandziegeln und fügte ihn mit der Landmauer, die mein Vater errichtet, zusammen … Babylon vollendete ich.«

Der sämtliche Leistungen penibel verzeichnende Text des Nebukadnezar enthält keine Maße. Warum auch? Das Werk war sozusagen unvergleichlich und für die Ewigkeit erbaut. Was nicht in Vergessenheit geraten sollte, war der ruhmvolle Name des Erbauers.

Die Festungsmauer Babylons war aus Ziegeln geschichtet und mit gestampftem Lehm gefüllt, nicht aus tonnenschweren Steinquadern gefügt. Wie groß, wie mächtig war sie wirklich? Man kann es bei den antiken Schriftstellern nachlesen: Pausanias, der im 2. Jahrhundert n. Chr. lebte, hat die Wälle von Babylon erst im Zustand des gänzlichen Verfalls gesehen. Doch er nennt sie noch immer gewaltig; man sei versucht sich vorzustellen, dass Dämonen mit übermenschlichen Kräften sie zerstört hätten. Die Impression des Pausanias enthält allerdings keine Größenangabe.

Herodot jedoch, aus Halikarnassos gebürtig und um 425 v. Chr. gestorben, will die Mauern von Babylon noch aufrecht in voller Pracht gesehen haben. Der vielgereiste, aber nicht immer zuverlässige Beobachter gibt als Länge der Stadtmauer 86 Kilometer an! Das wäre ein Quadrat von über 20 Kilometer Seitenlänge!

Zweifel waren und sind angebracht. Robert Koldewey, der Babylon Anfang des 20. Jahrhunderts ausgegraben hat, stellte fest, dass Herodot um mehr als das Vierfache übertrieben hat, dass die Mauer tatsächlich nur 18 Kilometer lang war. Herodot muss sich verschätzt, verhört oder falsch erinnert haben. Vielleicht sind ihm auch die Zahlen in seinen Notizen durcheinandergeraten. Aber auch 18 Kilometer Mauer sind ein gewaltiges Maß.

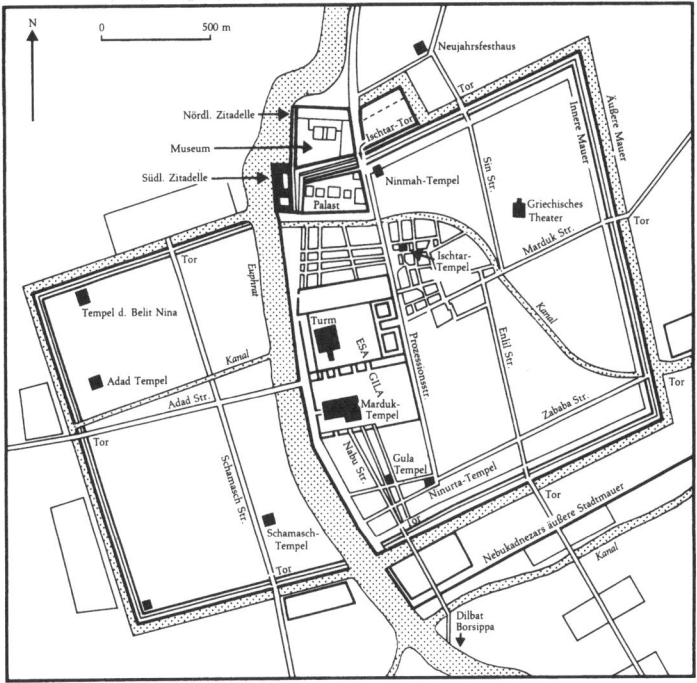

Stadtplan von Babylon zur Zeit Nebukadnezars (Nach E. Unger)

»Jedenfalls«, schreibt Robert Koldewey, »war die Stadt schon in dem Umfang, wie wir sie jetzt festgelegt haben, die größte des antiken Orients, auch Ninive nicht ausgenommen. Letzteres kam Babylon allerdings nahe. Aber die Zeit, in welcher sich der Ruhm von Babylons Größe über die Welt verbreitete, war diejenige Herodots, und damals hatte Ninive bereits aufgehört zu existieren. Ein Vergleich mit modernen Städten lässt sich so ohne weiteres kaum ziehen. Man muss immer bedenken, dass es sich in der Antike stets um die Stadt als Festung handelt, um den Mauerring, der den Wohnplatz wie ein schützender Gürtel einheitlich umspannte. Unsere modernen Großstädte sind ganz anderer Natur. Sie sind bewohntes

Land, offen nach allen Richtungen. Ein vernünftiger Vergleich kann daher nur ummauerte Städte mit Babylon zusammenstellen und gerade an Ausdehnung des ummauerten Wohngebiets steht Babylon für alte und für neue Zeit immer noch an erster Stelle.«

Die Ausgrabungen ergaben, dass das alte Babylon, die spätere City, am Ostufer des einhundertzwanzig Meter breiten Euphrat gelegen, nach Norden, Osten und Süden hin befestigt war, und zwar durch Mauern und einen achtzig Meter breiten Wassergraben. Nach Westen schützte der Euphrat und der Wall, der die Stadt in Sicherheit brachte, wenn der Strom Hochwasser hatte. Spätestens unter Nebukadnezar griff die rasch wachsende Weltstadt Babylon über den Fluss; auf der Westseite des Euphrat entstand eine Neustadt. Und auch dieser Stadtteil musste mit Mauern umgeben und gesichert werden. So entstand ein Festungsviereck, durch das der Euphrat hindurch floss.

Darüber hinaus aber wurde noch weiter draußen eine Außenmauer gebaut, welche die östlichen Vorstädte und vielleicht auch noch bebautes Freiland umschloss, wohl um im Fall von Krieg und Angriff als riesige Fluchtburg dienen zu können.

Die Mauer bestand aus zwei parallelen Wällen, die in regelmäßigen Abständen durch Türme verstärkt waren, was die Beobachtung des herannahenden Feindes ermöglichte, ohne sich selbst zu zeigen. Ein Feind, der die Mauer erklimmen oder mit Leitern übersteigen wollte, wäre leicht von oben zu bekämpfen. Gelänge es ihm dennoch, die erste Mauer zu nehmen, die außerdem noch von tiefem Wasser umgeben und geschützt war, fände er sich in einer Art Graben zwischen beiden Mauern gefangen und wäre dem Stein- und Pfeilhagel hilflos ausgesetzt.

Herodot zufolge waren die Türme einhundert Meter hoch und besaßen zusammen mit der Mauer einen Durchmesser von fünfzig Metern. Doch wie bei der Gesamtlänge täuschte er sich auch in diesem Fall: Die Ausgrabungen zeigten, wie übertrieben diese Schilderungen waren. Nach vorsichtigen Berechnungen konnten die Türme höchstens dreißig Meter hoch gewesen sein, bei einem Durchmesser von achteinhalb Metern.

Wie Herodot haben auch andere Schriftsteller bewundert, dass die Stadtmauern von Babylon so breit waren, dass auf der Mauerkrone Streitwagen fahren und wenden konnten. Auf der Höhe der Befestigungsmauer, hinter Zinnen und Schutzbrüstung, war ihren Schilderungen zufolge genügend Platz, so dass die Gespanne, ohne sich dabei zu behindern, sogar aneinander vorbeijagen konnten. Die Verteidiger konnten, wo immer es einem Belagerer gelingen mochte, die Mauer überraschend zu erklimmen, von den Türmen aus vierspännige Streitwagen (sogenannte Quadrigen) heranführen.

Die Ausgrabungen haben die Berichte der antiken Autoren, was die angegebenen Umfänge und Höhen der Mauer anlangt, bestätigt. Die Ufermauern am Euphrat waren acht bis zehn Meter dick, die Befestigungswälle um die Innenstadt herum 17,5 Meter, die Außenmauern gar 27 bis 30 Meter stark. Robert Koldewey hat die Konstruktion der Wälle genau untersucht: Innen und außen waren sie hochgemauert, der Zwischenraum wurde mit Schutt und dem Lehm vom Grabenaushub aufgefüllt. Auf diese Weise entstand eine breite Krone, auf dem Wall hinter den schützenden Türmen, Zinnen und Brüstungen ein Fahrweg von mehr als zwölf Meter Breite, den der Belagerer nicht einsehen konnte – tatsächlich also genügend Platz für die vierspännigen Kampfwagen der Verteidiger.

Um das Jahr 600 v. Chr. war mit der Errichtung der Mauer begonnen worden. Ein halbes Jahrtausend später, also noch vor Christi Geburt, war sie nur noch eine Schutthalde, ein riesiger Ziegelsteinbruch, den man nach Kräften ausbeutete, um Baumaterial zu beschaffen.

Aus der Vogelperspektive dürfte die Festungsmauer immer noch ein imponierendes Bild ergeben haben, doch das einst festgefügte Mauerwerk war längst zerbrochen. Überall klafften Lücken, Hügel und Bodenwellen waren entstanden, die immer mehr zusammensackten, an vielen Stellen ganz verwehten. Gleichwohl mag man sich fragen, wie es möglich sein kann, dass eine Festungsmauer, die in einem Atemzug mit den Pyramiden genannt wurde, fast spurlos verschwindet, so dass sie erst zu Beginn des 20. Jahrhunderts mühsam wieder identifiziert werden konnte.

Zweieinhalbtausend Jahre hat die Natur Zeit gehabt, die Ruinen des einst blühenden Babylon zu überwältigen. Die Sprache der Geschichtsschreibung schildert solches Geschehen dramatisch und bildhaft: Eine Festung wird »geschleift«, eine Stadt »sinkt in Trümmer«, »in Schutt und Asche«, sie wird »dem Erdboden gleichgemacht«. Früher hat kaum jemand daran gedacht, Ruinen als Zeugnisse vergangener Größe zu achten oder gar zu erhalten.

DIE EROBERUNG BABYLONS

Groß schien Babylon und allmächtig sein König. Das Volk der Juden war eingesperrt, Ägypten war unterdrückt, und die Kriegswagen einer gewaltigen Streitmacht rollten weit über die Grenzen.

Doch Babylon zog die Wolken der Vergeltung auf sich. Sein König flehte: »Herr, meiner Verfehlungen sind viel, groß meine Sünden! Die Begnadigung sprich aus meines elenden Leibes, der voller Krankheit und Unordnung ist, und die Begnadigung meines schmerzzerquälten Herzens, das erfüllt ist von Tränen und Seufzern.« Die Priester klagten an: »Nebukadnezar hat sich versündigt und heraufbeschworen den göttlichen Zorn. Die Götter warten auf den Tod des Sünders, um durch seine

Strafe das Gleichgewicht zwischen Gut und Böse wiederherzustellen.« Und der König selbst: »Ein persisches Maultier wird kommen und euch in seine Knechtschaft zwingen. Ich, Nebukadnezar, prophezeie euch Babyloniern das Unheil.«

Gemeint war König Kyros, der sich mit seinem Heer in Bewegung setzte, während Nebukadnezar starb. Mit dem Sieg der Perser 539 v. Chr. war der Untergang der politischen Selbständigkeit Babylons für alle Zeiten besiegelt.

Der israelitische Prophet Jesaja hatte Babylon »die herrliche Pracht der Chaldäer« genannt, aber auch dem Hass der unterdrückten Israeliten wortgewaltig Ausdruck gegeben: »Also soll Babel, das schönste unter den Königreichen, umgekehrt werden von Gott wie Sodom und Gomorrha, dass man nicht mehr dort wohne, noch jemand da bleibe, sondern Wüstentiere sich da lagern und wilde Hunde in ihren Palästen und Schakale in ihren Lustschlössern heulen.« Gott, der Herr, werde Babel zum Wassersumpf machen und mit dem »Besen des Verderbens« kehren.

Jesajas Prophezeiung ist in Erfüllung gegangen. Sein Wort wurde Wahrheit: Babylons Mauern fielen, und Assur sank hin, die mächtigste Stadt im Norden des Landes, und Ur im Süden, die Stadt der riesigen Tempel und der großen Götter. Im Laufe seiner Geschichte ist Babylon wiederholt zerstört worden, von den Hethitern, von den Assyrern, von den Persern. Immer wieder schien das Schicksal der Stadt endgültig besiegelt – und war es doch nicht: Die »Pforte Gottes«, die Hauptstadt des Neubabylonischen Reiches wurde jedesmal größer und schöner wieder aufgebaut.

Das in der Bibel erwähnte Land der Babylonier und Assyrer deckt sich in etwa mit dem heutigen Staat Irak. Zu ihrer Zeit hatte die glanzvolle Stadt mit ihren prächtigen Tempeln, mit den hohen Toren und den Straßen, auf denen feierliche Prozessionen zogen, den Ruf einer

Metropole des verschwenderischen Luxus und der florierenden Prostitution. Die biblischen Autoren waren es, die Babylon in Verruf brachten und nicht nur religiös, sondern auch moralisch diskreditierten: »Die große Stadt, die bekleidet ist mit köstlicher Leinwand und Purpur und Scharlach und überschüttet mit Gold und Edelgestein und Perlen, die große Babylon, die Mutter der Hurerei und aller Übel auf Erden.«

Alexander in Babylon

Das einst weltweit bewunderte Bollwerk Babylons hatte sich, sinnlos geworden und darum verlassen, als sehr zerbrechlich erwiesen. Streckenweise war die Festungsmauer auch ein Damm für die Fluten des Euphrat. Überschwemmungen werden das Ziegelwerk gelockert und aufgelöst, die Erde fortgeschwemmt haben.

Dass die Festungswälle von Babylon größtenteils aus gebrannten Ziegeln und aus sonnengetrocknetem Lehm errichtet waren, war für die Griechen, die nur Mauern aus Stein kannten, gleichermaßen staunenswert wie mitteilungswürdig. Auch der römische Satiriker Juvenal, der etwa 58 bis 140 n. Chr. gelebt hat, meinte, darauf anspielend, ziemlich sarkastisch, die Weltstadt Babylon sei »von Töpfern« befestigt worden. Töpferware ist zerbrechlich, da hat er recht. In gewisser Weise hat sie sich gleichwohl als überaus dauerhaft erwiesen: Scherben aus gebranntem Ton haben sich länger gehalten als Waffen und Schmuck aus Metall. Die weithin verstreuten Ziegel der Babylonischen Mauer zeugen noch heute für den Erbauer: Sie sind Stück für Stück mit dem Siegel Nebukadnezars gezeichnet.

Der Verfall der Festungsmauer muss zu Beginn des 3. vorchristlichen Jahrtausends schon sehr weit fortgeschritten gewesen sein. Zwar war sie schon längst aus der Liste der Sieben Weltwunder gestrichen, ihr legendärer Ruf hatte sich gleichwohl erhalten. Als Alexander der Große Babylon von persischer Herrschaft befreite und in die Stadt einzog, hatte er keine Mauer mehr zu überwinden.

Der deutsche Historiker Johann Gustav Droysen hat sich den Anblick der Stadt mit den Augen des siegreichen jungen Alexander und seiner Makedonen vorgestellt: »Es war die erste wahrhaft morgenländische Großstadt, die sie sahen; ungeheuer in ihrem Umfang, voller Bauwerke der staunenswürdigsten Art ... dazu die endlose Menschenmenge, die hier aus Arabien und Armenien, aus Persien und Syrien zusammenströmte; dazu die überschwengliche Pracht und Lüsternheit des Lebens, der tausendfältige Wechsel raffinierter Wollust und ausgewählter Genüsse; dieser ganze märchenhafte Zauber morgenländischer Taumellust ward hier den Söhnen des Abendlandes als Preis so vieler Mühen und Siege.« Ein überwältigender Eindruck, den auch eine in allen Farben von Tausendundeiner Nacht leuchtende Szene in dem Film »Alexander« von Oliver Stone wiedergibt.

Die Makedonen haben die Wälle des Nebukadnezar vom Stadtinneren her mühelos wie Touristen bestiegen, über bequeme Treppen und Rampen. Sie ließen sich das Wunderwerk von den schönen, fremden Soldaten zugeneigten Babylonierinnen zeigen und sind auf der Wallkrone spazierengegangen.

Nur ein Teil der Krieger ist sieben Jahre später mit Alexander aus Indien nach Babylon zurückgekehrt. Von hier aus wollte der nunmehr zweiunddreißigjährige König die Welt regieren. Möglicherweise hat eine Mücke diesen großartigen Plan vereitelt: Alexander starb an einem mysteriösen Fieber, wahrscheinlich an der Malaria. Das Weltreich zerfiel, Babylon, als sein Mittelpunkt gedacht, sank zur Kleinstadt, am Ende zu einem elenden Dorf herab, das schließlich verlassen wurde und das der Wüstensand zuwehte.

Im 19. und 20. Jahrhundert war Babylon kaum mehr als eine Haltestelle der irakischen Eisenbahn, die Bagdad mit Basra verbindet. Heute künden die Ausgrabungen, unter anderem die wiederhergestellte Prozessionsstraße, von der einstigen orientalischen Pracht.

Die sagenumwobene Semiramis

Außer den ägyptischen Pyramiden haben sich die legendären »Hängenden Gärten der Semiramis« wohl am Besten in unser Gedächtnis eingeprägt. Wer auch nur zwei oder drei der Sieben Weltwunder aufzuzählen vermag, wird sie bestimmt nennen. Man erinnert sich vielleicht, dass davon in der Schule die Rede war und wie man sie sich vorgestellt hat: Ein zwischen Himmel und Erde schwebender, irgendwie aufgehängter Garten, eine riesige blühende, duftende, schwingende Hollywood-Schaukel – das musste die Kinderphantasie bewegen.

Doch wer war die Namengeberin oder angebliche Urheberin der Hängenden Gärten? Wie in Ur und Assur, so war Semiramis auch in Babylon die Herrin des Priesterkönigs, dem sie »Stab und Ring, die Zeichen der Macht, übergab«. Eine teils sagenhafte, teils historische Figur. So wurde schon Ammuramat, die Frau des Schamschi-Adad genannt, die um 800 v. Chr. gelebt hat und von sich schreiben ließ: »Mitten in meiner Politik und meinen Kriegen fand ich Zeit, die Begierden meines Leibes zu sättigen.«

Die Hängenden Gärten werden aber erst vier Jahrhunderte später erwähnt (übrigens im Singular, als Hängender Garten). Nach einem Bericht des jüdischen Schriftstellers Flavius Josephus, der im 1. Jahrhundert n. Chr. lebte, wurden die Hängenden Gärten von Nebukadnezar angelegt, um seiner aus Medien stammenden Gemahlin eine Freude zu machen. Wenn auch die Überlieferung nicht bestätigt ist, so hält man es heute doch

Zeichnung vom Panorama der Hängenden Gärten in Babylon

für möglich, dass Semiramis eine Königstochter aus den Bergen Persiens war, die nach ihrer Heirat im Flachland Babyloniens unter Heimweh litt. Nebukadnezar kümmerte sich mehr um seine Feldzüge und seine architektonischen Ideen, aber vielleicht hatte er soviel Mitgefühl, seiner Gemahlin einen Garten anlegen zu lassen, wie ihn die Welt noch nicht gesehen hatte, voller Farbenpracht und Duftrausch, die sie an ihre Heimat erinnern sollten.

Doch sowohl Erbauer wie Standort des Gartens sind in der Forschung nach wie vor umstritten.

TERRASSENGÄRTEN AUF DEM DACH

Entstanden sind die Hängenden Gärten zwischen 600 und 400 v. Chr., wahrscheinlich als eine Art riesiger Dachgarten, blühende Terrassen hoch über dem Euphrat, auf gleicher Höhe mit den höchsten Türmen der Stadtmauer.

Die Geschichtsschreiber berichten in verschiedenen Variationen von den Gärten neben, an, in oder über dem Königspalast. Bei Ausgrabungen in Babylon wurde eine dreißig Meter hohe quadratische Plattform mit einer Seitenlänge von 106,5 Metern entdeckt – möglicherweise ein Verbindungsstück zwischen dem Palast und dem Euphrat, die Hauptterrasse für die Gartenanlage. Der

Eindruck, die Gärten würden »hängen« oder schweben, wurde vermutlich durch die Terrassen hervorgerufen sowie durch die Bepflanzung tausender von Kletterpflanzen an den Rand jeder einzelnen Terrasse.

Stellen wir uns diesen Garten als Inkarnation einer orientalischen Landschaft vor: sich herabziehende Waldhänge mit nach Harz duftenden Pinien, Zedern und Zypressen. Weinberge voller süßer Reben. Dattelpalmen mit üppigen, bernsteinfarbenen Früchten. Maulbeerbäume, Tamariskengebüsch, Oleander und Hibiskus. Die Blüten der Granatapfelbäume waren so schön, dass sie von den Dichtern im ganzen Land besungen wurden. Wasser für diese Terrassen mit farbenprächtigen Steingärten und Wasserfällen, die von Stufe zu Stufe hinabstürzten, war in diesem Stadtteil genügend vorhanden, es konnte aus dem Euphrat gepumpt werden. Bambus und Papyrus wucherten üppig, Moose und Farne, Wildrosen und Lilien, Veilchen und Klatschmohn, Sonnenblumen und Margeriten bildeten einen einzigartigen prachtvollen Farbteppich.

Dass überhaupt eine Gartenanlage den Rang eines Weltwunders erhielt, ist erstaunlich – bedenkt man, wie vergänglich die Schönheit von Gärten ist, wie sehr sie der Pflege bedürfen, wie rasch Pflanzen unter der sengenden Sonne dahinwelken können, wie kurzlebig und hinfällig selbst starke Bäume sind, wenn sie nicht ausreichend bewässert werden. Ist es nicht seltsam, dass man neben den mächtigen Mauern von Babylon einen Garten, ein solch fragiles und »kurzlebiges« Gebilde, als Weltwunder ansah?

Bei der Anlage und Erhaltung dieser paradiesischen Oase im Meer aus Stein war eine fast unlösbare Schwierigkeit zu überwinden: das Klima. Große Hitze bei Tag wechselte mit empfindlicher Kühle in der Nacht, so dass sich die Menschen in ihren Häusern um ein offenes Kohlebecken oder bei besonderen Anlässen um eine Ölschale versammelten. Nur durch ein äußerst kompli-

Die Hängenden Gärten in Babylon. (Rekonstruktion von Fr. Krischen)

ziertes Wasserversorgungssystem konnten die Gärtner mit diesem Problem fertig werden, den Garten ständig begrünt zu halten: Durch einen aufzugähnlichen Schacht im Innern der Terrassenanlage wurde das Wasser aus dem Euphrat geschöpft, in die oberste Gartenzone gepumpt und von dort bis in den letzten Winkel des Gartens verteilt. Die »Wasserspiele« – künstliche Teiche, Wasserfälle, Springbrunnen, Bächlein – sorgten inmitten der staubigen und glühenden Großstadt für märchenhafte, fast unwirkliche Kühle und Frische und dienten als eine Art Klimaanlage für die in ihrem Garten lustwandelnde Prinzessin. Eine Oase, ein wirklicher Garten Paradeisos.

DAS PROBLEM DES STANDORTS

Doch wo standen beziehungsweise »hingen« die Gärten wirklich? In der Nähe des riesigen, mit blauglasierten Ziegeln verkleideten Ischtar-Tores, an der Nordostecke des Königspalastes vermutete Robert Koldewey ihre Fundamente: Er stieß auf ein Kellergewölbe und auf seltsame Brunnenschächte, die den Gedanken an ein Schöpfwerk nahelegten. Ein höchst merkwürdiges Bauwerk! Ein Gewölbe aus Stein, nicht aus Ziegeln, eine Seltenheit im antiken Babylon. War nicht eben dies in einer ganzen Reihe von alten Berichten ausdrücklich bei den Hängenden Gärten erwähnt? Könnten diese Brunnenschächte nicht für das Bewässern der Gärten von unten her gedacht gewesen sein? Vierzehn Kammern mit massiven Gewölben, ein mächtiger Block von Steinen in ihrer ganzen Ausdehnung unter der Grundfläche des Nebukadnezar-Palastes – dies konnte in der Tat nur das Fundament der Hängenden Gärten sein, die eine Ahnung davon geben, wie groß und wunderbar das obere Bauwerk gewesen sein muss.

Robert Koldewey war von seiner Entdeckung fasziniert, ja elektrisiert. Wenn dieses Kellergewölbe wirklich die Hängenden Gärten getragen hat, dann musste man jedoch einen etwas enttäuschenden Tatbestand konstatieren: Der Dachgarten der Semiramis hätte nämlich als ein Trapez mit Seitenlängen zwischen 35 und 23 Metern recht bescheidene Ausmaße gehabt. Koldewey zögerte darum zu behaupten, er habe den Weltwunder-Garten gefunden; er wollte diese Vermutung nur zur Diskussion stellen. Doch war er zweifellos in diesen Gedanken verliebt – er hat den Garten der Semiramis an keiner anderen Stelle mehr sehen, andere Argumente nicht gelten lassen wollen.

Gibt es überhaupt einen Ort, der Vergleichbares zu

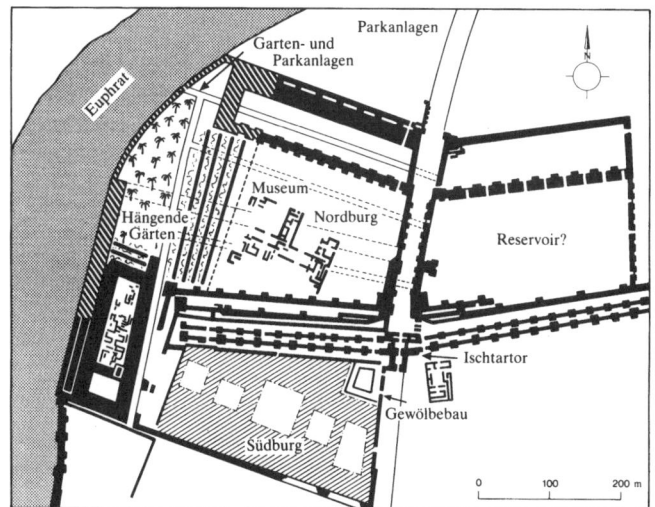

Skizze des von Donald John Wiseman vorgeschlagenen Standorts der Hängenden Gärten in Babylon.

bieten hat oder gar mit den Schilderungen antiker Autoren besser übereinstimmt?

Seltsamerweise werden weder die Hängenden Gärten noch Semiramis bei Herodot erwähnt. Sollten sie seiner Aufmerksamkeit tatsächlich entgangen sein? Sollte er sie gegenüber den großartigen Stadtmauern, die ihn so sehr beeindruckten, nicht für erwähnenswert gehalten haben?

In seiner »Historischen Bibliothek« berichtet der Grieche Diodoros, der zur Zeit Caesars in Babylon war und die Gärten gesehen hat: »Dieser Park zieht sich wie Bergterrassen über mehrere Stockwerke hin, so dass das Ganze wie ein Theater (mit ansteigenden Sitzstufen für die Zuschauer, d.Vf.) aussieht. Unterhalb von diesen ansteigenden Lagen befanden sich Gänge, welche die Last der Gartenanlagen zu tragen hatten, jeder entsprechend der Neigung des Anstiegs etwas höher als der vorhergehende. Der oberste von ihnen war fünfzig Ellen hoch und trug auf sich die obersten Teile des Parks, etwa in gleicher Höhe mit der Brustwehr der Mauer ... Das Dach über diesen Quadern hatte zuerst eine Schicht aus Schilfrohr mit viel Asphalt, darüber eine doppelte aus gebrannten Ziegeln, die durch Gips verbunden waren; eine dritte Schicht bildeten Bleiplatten, damit nicht die Feuchtigkeit von der darauf gelegten Erde in die Tiefe dringen kann. Obenauf lag eine Schicht Erde, tief genug auch für die Wurzeln größter Bäume. Der Boden selbst war geebnet und mit vielerlei Bäumen bepflanzt, wie sie in ihrer Höhe und sonstigen Schönheit die Betrachter in ihrer Seele erfreuen mussten.«

Lassen wir die Frage nach dem Erbauer und damit nach der Datierung unbeantwortet. Was sagen antike Schriften über Ort und Anlage der Hängenden Gärten aus? Bereits die älteste, allerdings nicht vertrauens- würdigste Quelle, das Werk »Persika« des königlichen Leibarztes Ktesias, den auch Diodoros zitiert, nennt den Garten »neben der Burg«. Man habe das Wasser dafür »aus dem Fluß« geschöpft. Strabon schreibt »über dem Strom gelegen«, das Wasser sei »aus dem Euphrat hoch- geschöpft« worden. Flavius Josephus und andere spre- chen vom »Königspalast« bzw. von »oben auf der Burg«. Auch die Größenangaben der antiken Autoren sind eini- germaßen identisch: ein Quadrat von 120 auf 120 Meter. Das von Koldewey entdeckte Kellergewölbe ist dafür zu klein und liegt auch nicht am oder über dem Euphrat, vielmehr in der Nähe des Ischtar-Tores.

Im Norden der einstigen Weltstadt hat sich der Ba- bil-Hügel erhalten; er überragt die Ebene rund 25 Meter hoch. Dort war die Sommerresidenz des Königs; der Eu- phrat floss an ihr vorbei. Die Hängenden Gärten könnte man sich also da vorstellen, doch haben die Ausgra- bungen an dieser Stelle keine Übereinstimmung mit den alten Schilderungen erbracht.

Also bleibt nur die Südburg Nebukadnezars, die un- mittelbar am Strom erbaut war. Tatsächlich deuten zahlreiche Indizien darauf hin, dass die Weltwunder-Gärten hier angelegt waren. Der Westabschluss der Königsburg nämlich bildet eine Plattform über dem Euphrat, und genau diese Stelle paßt vorzüglich zu den Berichten, die von den Hängenden Gärten überliefert sind. Zunächst gibt es da wieder einen Text, der Nebukadnezar rühmt: »Damit sich nicht Sandbänke im Euphrat absetzen können, ließ ich eine große Schanze aus Ziegeln in den Fluss hineinbauen. Ihr Fundament ließ ich in der Wassertiefe festigen, ihren Gipfel führte ich hochauf wie ein Waldgebirge.« Diese Formulierung ist bemerkenswert: Nicht »turmhoch« ist die Schanze gebaut; von einem in Babylon fremdartigen Erscheinungsbild, einem »Waldgebirge« ist die Rede.

Die in den Fluss hinausgebaute Schanze wurde als ein Quadrat von 107 auf 107 Meter festgestellt; das entspricht den alten Schätzungen recht gut. Und was den Grundriss der Königsburg anlagt, den die Archäologen ziemlich präzise festlegen konnten, so macht er die Hängenden Gärten an dieser Stelle wirklich glaubhaft: Die Gemächer der Königin führten nämlich auf eine Gartenterrasse hinaus – möglicherweise ein Übergang zu den Hängenden Gärten, einer stufenförmigen Terrassenanlage am Hang, einer blühenden Riesentreppe, jede Treppenstufe ein zurückgesetztes Stockwerk, gedeckt mit Blei, abgedichtet mit Pech, und darüber Humus geschüttet. Diodoros beschreibt – wenn auch vage – sogar das Bewässerungssystem: »Die Gänge, die ihr Licht dadurch erhielten, dass sie voneinander abgesetzt waren, hatten zahlreiche verschiedenartige Räumlichkeiten für den Aufenthalt des Königs. Nur in einem dieser Räume, und zwar ganz oben, befanden sich Öffnungen und Maschinen zum Heraufholen des Wassers: Mit ihrer Hilfe wurde Wasser aus dem Fluss (gemeint ist der Euphrat, d. Vf.) nach oben gebracht, ohne dass die Leute draußen etwas bemerkten.«

Ein Aufzug also, eine Art Paternoster, schöpfte aus

dem Fluss und bewässerte die Dachgarten-Treppe, ein künstliches Paradies, eine vielbewunderte Oase, hoch über der Steinwüste der Weltstadt, dem von der Sonne beschienenen Babylon. Ein spektakulärer An- und Ausblick.

Parther, Römer, Araber und Mongolen bauten Burgen und Städte im Land zwischen Euphrat und Tigris und dezimierten die Bevölkerung im Verlauf von Jahrhunderten in blutigen Kriegen und Metzeleien. Sie hinterließen nichts als Trümmer. Aber unverlierbar blieb die Erinnerung an die Hängenden Gärten der Semiramis.

Kupferstich von Johann Fischer von Erlach

DRITTES KAPITEL

DIE STATUE DES ZEUS IN OLYMPIA

Dass kolossale und berühmte Bauten, wenn es auch Jahrtausende dauert, vom Erdboden verschwinden, ist schwer vorstellbar. Irgend etwas, so meint man, müsse doch zurückbleiben. Tatsächlich haben die Archäologen, geleitet von den Hinweisen früherer Schriftsteller, immer wieder mit kriminalistischem Spürsinn Spuren gesichert und Artefakte geborgen, Grundmauern ausgegraben, Fundamente identifiziert. Sie haben, Zweifel und Skepsis überwindend, den Beweis geführt: Hier, an dieser Stelle, stand das gesuchte Gebäude.

Dass nichtarchitektonische Kunstwerke, etwa eine große Plastik, spurlos verschwinden können, kann man sich schon leichter vorstellen. Die Gefahr des Verlustes ist besonders groß, wenn sie nicht nur künstlerisch bedeutsam sind, sondern auch ihr Material kostbar und wertvoll ist. Unzählige Kunstwerke sind brutaler Raffgier zum Opfer gefallen, antike Statuen wurden in die Kalköfen gesteckt, unersetzliche Schmuckstücke eingeschmolzen. Trotzdem haben Diebstahl, Raub und Plünderungen vermutlich weniger zerstört als Fanatismus und eine offensichtlich in vielen Menschen virulente unbestimmte Lust an der Zerstörung. Immer wieder sind Götterbilder von den Altären gestürzt, sind Tempel in Brand gesteckt worden.

Von den originalen Werken der großen griechischen Bildhauer ist nur wenig erhalten. Gelegentlich verfügen wir noch über römische Kopien, die in Museen eine Anschauung der klassischen Antike geben. Oft müssen wir uns mit den Abbildungen auf antiken Münzen zufriedengeben, wenn wir uns über das, worüber frühere Schriftsteller berichten, ein Bild machen wollen. So ist es auch bei der Zeus-Statue, geschaffen von Phidias, dem größten Bildhauer seiner Zeit.

DER WEG ZUM GLAUBEN DER GÖTTER

Schon zu der Zeit, als man in Griechenland und in Mesopotamien noch Löwen jagte, als man die Geschichten Homers vom Trojanischen Krieg, vom Leben und Sterben der Helden aufzeichnete und auch die Gesänge von der abenteuerlichen Rückkehr des listenreichen Odysseus nach Ithaka, fühlten sich die verschiedenen griechischen Stämme bereits zusammengehörig und grenzten sich gegenüber ihren Nachbarn, den Barbaren, ab. Sie bauten ihre Häuser um den Altar eines Gottes und schützten sie durch Mauern. Schon im 7. Jahrhundert v. Chr. kamen in den fruchtbaren Tälern und auf den Inseln Griechenlands Städte wie Athen, Sparta, Korinth, Theben, Milet zu Blüte und Bedeutung. Mit Ochs, Esel und Pflug bauten die Griechen Gerste und Weizen an, übernahmen sie aus Ägypten Ölbaum und Weinrebe.

Von den Frauen des Landes am Nil lernten die Griechen Spinnen und Weben. Auch die Zwölfteilung des Tages und die Geheimnisse des Himmels übernahmen sie über Ägypten von den Babyloniern. Die Phönizier lehrten sie die Seefahrt entlang den Ufern des Meeres. Bald saßen die Griechen an den Küsten des Schwarzen Meeres, in Unteritalien und Sizilien, nach der Mitte des 7. Jahrhunderts wurde der primitive Tauschhandel durch Geldverkehr ersetzt; Münzen wurden in jeder griechischen Stadt geprägt.

Die Polis, die Stadtgemeinschaft, der Staat kannte vielfältige Elemente der Herrschaft: das Volk, die Aristokratie, Parteiführer und Tyrannen, nie jedoch den König und Halbgott, umgeben von einem zeremoniellen Hof, wie er in Ägypten und Mesopotamien herrschte.

ZEUS, DER GOTT

So schildert Homer im ersten Gesang der Ilias Zeus, den Herrscher im Donnergewölk: »Also sprach und winkte mit schwärzlichen Brauen Kronion, und die ambrosischen Locken des Königs wallten ihm vorwärts von dem unsterblichen Haupt: es erbebten die Höhen des Olympos.«

In der Statue des Zeus von Olympia, 433 v. Chr. vollendet, hatte der Bildhauer Phidias den Gott und das Göttliche als Ziel der Sehnsucht der Griechen nach Vollkommenheit gestaltet. Den olympischen Zeus nicht gesehen zu haben, wurde deshalb als Unheil angesehen, ihn in seinem großen Tempel anzubeten, bedeutete Glück. Und mit Recht wurde später das Zeusbild zu den Sieben Weltwundern gezählt. Aber bis dahin war es ein weiter Weg.

Selten ist der Gipfel des Olympos ganz frei von Wolken, denn die den Berg bewachenden schöngelockten und heiteren Horen schließen die Tore des Göttersitzes sorgsam mit goldenen Wolken und öffnen sie nur, wenn ein Gott aus ihnen hervorgeht. Von dort bewegt Zeus die Wolken, erregt er Gewitter, löst er den Donner und schleudert er die Blitze.

Zeus bildet den Mittelpunkt des Olymps der Götter. Er wägt die Geschicke der Menschen und wacht über Familie und Ratsversammlung. Er schützt die Heiligkeit des Gastrechts und des Eides. Er allein kennt die Zukunft aller Wesen, gibt den Menschen im Gewitter, im Vogelflug, in Träumen und im Rauschen des Eichenhaines seinen Willen und ihre Zukunft kund. Zeus war für ganz Hellas der verbindliche Bezugspunkt.

Die Geschichte der heiligen Stätte Olympia reicht weit, bin in das 3. Jahrtausend v. Chr., zurück, wie Scherbenfunde bewiesen. Die Tradition war mehr als dreitausend Jahre lang lebendig. Pausanias, der Mitte des 2. Jahrhunderts n. Chr. Olympia besuchte, schrieb von sechzig Altären, an denen die Priester Opferungen darbrachten. Auf einem sieben Meter hohen Zeus-Altar wurden täglich Geschenke niedergelegt. Die alle vier Jahre wiederkehrenden, festlichen Olympischen Spiele waren dem Zeus geweiht.

OLYMPIA

In der Antike war Olympia zunächst ein kleiner, idyllischer Ort, 360 Kilometer nordwestlich von Athen auf dem Peloponnes in der griechischen Landschaft Elis gelegen. Ein heiliger Bezirk, aber auch eine Stadt für Menschen.

Zu Füßen eines dicht bewaldeten Hügels lag der Heilige Hain, auch Altis genannt, zwischen den beiden Flüßchen Kladeos und Alphaios. In klassischer Zeit ein unregelmäßiges Viereck (etwa 200 mal 160 Meter groß). Der älteste Tempelbau Olympias – und überhaupt einer der frühesten Tempelbauten Griechenlands, entstanden Mitte des 7. Jahrhunderts v. Chr. – war das im Norden gelegene Heraion, das Heiligtum von Hera, der Gemahlin des Zeus, mit sechs Säulen an der Schmalseite und sechzehn Säulen an den Längsseiten. Unter ihrem Kultbild soll die Gründungsurkunde der Olympischen Spiele aufbewahrt worden sein. In einer der Nischen dieses Tempels stand die Statue des Götterboten Hermes, des Gottes des Wohlstandes, gefertigt von Praxiteles, des größten Meisters aus Athen. Wie durch ein Wunder blieb sie erhalten.

Dann gab es noch die Schatzhäuser, ein kleines Haus, in dem das heilige olympische Feuer brannte, und einen Altar im Freien. Das war alles.

Mit der Zeit gewann der Heilige Hain jedoch an Bedeutung. Hier sollte neben Hera auch Zeus verehrt werden. Und so entstand die Idee, hier ein Heiligtum zu errichten.

Außerhalb der Altis lagen im Osten das Stadion, das Hippodrom für die Wagenrennen, im Süden ein doppelter Apsidenbau, der vermutlich als Rathaus oder Stadtverwaltung genutzt wurde, im Südwesten das Gästehaus und im Westen das Gymnasion und die Palästra, in denen die Wettkämpfer trainierten, ferner eine Therme mit Schwimmbad, Sitz- und Schwitzbädern.

DIE OLYMPISCHEN SPIELE

Nike, die Siegesgöttin, schwebte über Griechenland und nahm Wohnung in Olympia, das der Sage zufolge Herakles, der löwenherzige Sohn des Zeus, nach langen Kämpfen gegründet hatte. Er vermaß das Heiligtum des Zeus, er gründete die umgrenzende Mauer und gab den Olympischen Spielen Ordnung und Satzung.

Spiele in Olympia gab es seit 776 v. Chr. – man nannte jedoch nicht die Spiele Olympiade, sondern die vier spielfreien Jahre bis zum nächsten Fest.

Alle vier Jahre, zwischen den Monaten August und September, versammelten sich um Zeus die Hellenen des Festlandes, der Ionischen Inseln und der griechischen Städte an den Küsten Asiens und Afrikas, Italiens, Siziliens und Galliens.

Alle vier Jahre eilten die Boten von Olympia aus durch Griechenland, um den Landesfrieden zu verkünden. Es gab Verträge, die sicherstellen sollten, dass aller Streit zwischen den Menschen und Stadtstaaten ruhte, wenn sich die Griechen unter den Augen des Zeus in Olympia zum Wettkampf trafen. Niemand durfte mit Waffen das Heiligtum, die Altis, betreten. Der berühmte »olympische Friede« jedoch ist eine Fiktion. Keineswegs wurden Kriege durch Waffenstillstand unterbrochen – es war nur eine Zusicherung, dass die Kämpfer unbehelligt nach Olympia gelangen konnten.

Die Palästra, die Ringschule, diente den Ring- und Faustkämpfern zum Training. Das Gymnasion, mit der Palästra verbunden, war den Läufern und den Speer- und Diskuswerfern vorbehalten. Außerdem befanden sich hier die Unterkünfte, in denen die Athleten während der Spiele wohnten.

Anfangs wurden die Olympischen Spiele an einem einzigen Tag abgewickelt. Ab 472 v. Chr. dauerten sie fünf Tage: der Eröffnungstag war den Zeremonien vorbehalten, dann gab es drei Kampftage und einen Schlusstag für die Siegerehrung. Die Spiele fanden im heißen Sommer statt, für Kämpfer und Zuschauer keine geringe Anstrengung. Die Olympischen waren mehr als Sportereignis und Konkurrenzwettkampf: Sie bedeuteten auch eine Art Pilgerreise, Gottesdienst und Vergnügen.

Am ersten Tag der Wettkämpfe legten die Athleten einen Eid ab: Sie schworen »bei Zeus«, sich im heiligen Wettkampf fair und ehrenhaft zu verhalten.

Über neunhundert Jahre vor Pausanias wurden die Olympiaden schon aufgezeichnet: Zum einfachen Stadionlauf des Anfangs kam im späteren 8. Jahrhundert v. Chr. der Doppel- und Langlauf, ab 708 v. Chr. ein Fünfkampf, der Springen, Laufen, Ringen, Diskus- und Speerwurf umfasste. Der Faustkampf wurde 688 eingeführt, das spektakuläre Wagenrennen 680; seit 632 nahmen die Knaben am Laufen und Ringen teil.

Der Zeus-Tempel

Über allem wachte Zeus, der in Olympia unter blauem Himmel und rauschenden Baumwipfeln verehrt wurde – zu seinen Füßen lagen stets Weihegeschenke der Fürsten, Philosophen, Athleten und Pilger, die Olympia besuchten und dem Gott huldigten, ein Sammelsurium der verschiedensten Gegenstände: große, auf drei Füßen stehende Kessel, Greifenköpfe in allen Größen zur Abwehr dämonischer, unheilbringender Kräfte, erbeutete Waffen oder auch nur Sträuße aus wilden Blumen.

Als es den Griechen Anfang des 5. Jahrhunderts v. Chr. gelang, die Bedrohung durch die Perser glücklich abzuwenden, wurde dem Zeus zum Dank in Olympia ein mächtiger Tempel errichtet, größer und stattlicher als alle anderen Zeus-Heiligtümer in Griechenland. Er galt gleichsam als Nationalheiligtum.

DER TEMPELBAU

Um das Jahr 470 v. Chr. wurde mit dem Bau begonnen. Die Bauzeit war für antike Maßstäbe geradezu atemberaubend kurz: Bereits fünfzehn Jahre später, gegen 456, war der äußere Bau vollendet, in einer Länge von vierundsechzig, einer Breite von siebenundzwanzig Metern und einer Höhe von zwanzig Metern.

Über drei Stufen erhoben sich auf den Breitseiten sechs und auf den Längsseiten dreizehn Säulen, zehn Meter hoch, mit einem Durchmesser von über zwei Metern. Die poröse Oberfläche des Muschelkalks, aus dem der Tempel gebaut war, wurde mit feinem Stuck überzogen, so dass der Eindruck von schimmerndem Marmor entstand. Wasserspeiende Löwenköpfe leiteten das Regenwasser von den riesigen, mit Marmorziegeln gedeckten Dachflächen ab.

Das Bildwerk im Inneren des Tempels zeigt eine beeindruckende Vielfalt von Szenen: Zeus selbst, aber auch menschliche Riesen und Kentauren im Kampf und sogar ein Wagenrennen. Die zwölf Taten des Herakles waren über den sechs Säulen an den Schmalseiten des Tempels dargestellt.

Auf dem Ostgiebel waren die Bewacher und Beschützer des olympischen Eides zu sehen – sozusagen das olympische Komitee. Gegenüber auf dem Westgiebel thronte Apollon als Schiedsrichter zwischen Ordnung und Chaos.

Überwältigender Mittelpunkt jedoch war das Kultbild des Zeus, das bis zur Decke ragte. Über drei Stufen führte der Weg durch eine weite Vorhalle zum Vorraum des inneren Tempels. Die Cella, das eigentliche Tempelhaus – die Wohnung des Gottes, die dieses berühmteste Kunstwerk der Antike barg –, lässt sich an den Resten noch gut erkennen. Der gesamte längliche Innenraum war von beiden Seiten mit Säulengängen in zwei Stockwerken eingefasst, die es dem Besucher ermöglichten, die gewaltige Kultstatue des Zeus, von ebener Erde und von einer Galerie aus zu bestaunen.

Nach dem Ende des Innenausbaus, um 430 v. Chr., wurde dann der Bildhauer Phidias eingeladen, für diesen heiligsten Tempel der Griechen das Kultbild zu schaffen.

DIE ZEUS-STATUE

Das großartige Bildnis des Zeus in Olympia ist oft beschrieben, der Ort, an dem es aufgestellt war, zentimetergenau vermessen worden.

Das Kultbild selbst, das alle anderen an Größe und Reichtum übertroffen haben muss, da man es zu den Sieben Weltwundern zählte, »für griechische Begriffe wohl das herrlichste und ergreifendste aller Weltsehenswürdigkeiten« (Theodor Dombart), eine hohe Plastik aus Gold und Elfenbein, ist spurlos verschwunden.

Die Maße der thronenden Zeus-Gestalt waren aus den Resten des Sockels und den Abmessungen des Tempels ziemlich genau zu berechnen: mindestens siebenfache Menschengröße. Für den sitzenden Zeus standen somit zwölf bis dreizehn Meter zur Verfügung; dies stimmt mit den zeitgenössischen Schilderungen überein. So können wir uns nach der Beschreibung des Geographen Pausanias, der zur Zeit des Kaisers Hadrian lebte, eine ziemlich genaue Vorstellung von dieser Statue machen, die den Barockbaumeister Johann Fischer von Erlach und andere zu Rekonstruktionen inspirierte.

Als Phidias nach Olympia kam, war er bereits ein berühmter Mann. In seiner Heimatstadt Athen hatte er sich durch zahlreiche Skulpturen einen Namen gemacht, nicht zuletzt durch zwei bekannte Bildnisse der Göttin Athene. Er fungierte nicht nur als Leiter der Bauarbeiten auf der Akropolis, sondern schuf auch ein 159 Meter langes Fries im Parthenon-Tempel, ein monumentales Bildwerk, das Menschen in der extremen Situation kriegerischer Schlachten zeigte: Gesichter voller Siegesgewissheit, Wut und Angst, triumphierende Feldherren, sterbende Kämpfer.

Die Zeitgenossen brachten Phidias ungeteilte Bewunderung entgegen. Er galt unbestritten als der größte Künstler seiner Zeit. Und er war die perfekte Besetzung für den größten Auftrag, der in Griechenland zu vergeben war.

In Olympia ging Phidias systematisch vor. Er war Realist genug, um einzuschätzen, dass für die Kultstatue kaum weniger als zehn Jahre zu veranschlagen waren. Ein Bau im Tempel selbst, der ja der Öffentlichkeit zugänglich bleiben musste, kam nicht in Frage. Der Tempel konnte über einen solch langen Zeitraum nicht einfach abgesperrt werden. Also richtete sich Phidias nicht weit entfernt eine Werkstatt ein. Zunächst bildete er ein maßstabgerechtes Modell, nach dem er dann mit seinen Gehilfen die Einzelteile der Statue schuf, die später im Tempel zusammengesetzt werden sollten.

Zunächst war ein perspektivisches Problem zu lösen. Mit seinen zwölf Metern sollte das Standbild die volle Höhe des zweigeschossigen Heiligtums einnehmen. Die Betrachter sollten die Möglichkeit haben, vom Boden staunend zu dem Gott hinaufzuschauen oder ihn von

Querschnitt des Zeus-Tempels. Die Cella war mit dem Kultbild des Phidias vollständig ausgefüllt.

der Galerie in Kopfhöhe zu betrachten. Von beiden Positionen aus wollte Phidias die gleiche Wirkung erzielen. Schließlich sollte die Statue nicht allein durch ihre kolossalen Ausmaße beeindrucken, sondern ein Erschauern vor der Majestät dieses Gottes bewirken.

Üblicherweise wurden die Götter aufrecht und ausschreitend dargestellt. Phidias entschied, Zeus in erhabener Haltung auf einen Thron zu setzen. Ein Herrscher voller Kraft und Ruhe, würdig, streng und unnahbar sollte er sein. Aber auch fürsorglich wie ein Vater und den Menschen ein verständnisvoller Freund.

Phidias gelang ein wahres Kunststück. Die Betrachter waren so überwältigt vom Anblick ihres Gottes, dass man glaubte, der Bildhauer selbst habe Zeus geschaut: »Dir entweder ist Zeus vom Himmel herniedergestiegen, oder du stiegest hinauf, Künstler, und sahest den Gott!«

Prunkvoller Glanz umgab die Gestalt im Halbdunkel des Heiligtums. Ehrfurcht gebietend saß Zeus auf einem Thron aus Ebenholz und Elfenbein, der auf einem mächtigen Postament stand, geschmückt von einer von Helios und Selene angeführten Reihe der olympischen Gottheiten, wie ein Familienbild des Olymps.

Der Thron war mit Gold und Edelsteinen besetzt. Goldene Sphinxe bildeten die Armlehnen des zehn Meter hohen Prunksessels. Der Schemel, auf den sich seine Füße stützten, wurde von zwei goldenen Löwen getragen. Der Kopf des Zeus, mit einem Kranz aus Ölzweigen umrankt, soll die Rückenlehne um zweieinhalb Meter überragt haben. Zu Zeus' Füßen tanzten Siegesgöttinnen, sein Haupt umschwebten Chariten und Horen.

Das Antlitz, die Brust und der entblößte Teil des Körpers wie auch die Füße waren aus Elfenbein, um den Eindruck von nackter Haut hervorzurufen, die Augen aus leuchtenden Edelsteinen. Zeus erfreute sich an Haar und Bart aus reinem Gold, und aus Gold war auch die Statue der schwebenden, menschengroßen Nike, den Ölzweig in der Hand, die der Gott auf der ausgestreckten Rechten hielt. Das Zepter, das er in der linken Hand hielt, Symbol der von ihm beherrschten Erde, das in allen Farben erglänzte, bestand aus einer Legierung verschiedener Edelmetalle. Auf dem Zepter ruhte ein Adler. Das Gewand, das den Unterkörper umhüllte, war ebenfalls aus Gold und mit Blumen, Ranken und Tierverzierungen geschmückt.

Bronzemünzen aus der Zeit Kaiser Hadrians (133 n. Chr.) mit dem Kopf der Zeus-Statue des Phidias und mit vollständiger Darstellung.

Die beiden Niobidenfriese am Thron des Zeus.
(Rekonstruktion von B. Schweitzer)

Es gibt eine Münze aus der Zeit des Kaisers Hadrian, die eine Vorstellung von dem berühmten Kultbild als Ganzes gibt, wenn auch die Einzelheiten auf einer kleinen Münze nur angedeutet werden können. Auch auf dieser Münze hielt Zeus mit der Linken ein kostbares Zepter; in seiner rechten Handfläche stand eine Nike, die dem Gott einen Siegerkranz entgegenhielt.

Philon von Byzanz hat auszudrücken versucht, was seiner Meinung nach die Schöpfung des Phidias aus der Reihe der Weltwunder heraushob: Für die anderen großen Sehenswürdigkeiten habe man, so schrieb er, »einfach Bewunderung. Dieses aber verehren wir kniefällig«.

PHIDIAS UND SEINE WERKSTATT

Bei Ausgrabungen in Olympia wurde die Werkstatt des Phidias wiederentdeckt. Man fand zahlreiche Gussformen sowohl für den Goldmantel wie auch für den

Schmuck des Zeus, ja sogar Bruchstücke des verwendeten Schmelzflussmaterials, Elfenbeinreste, Goldfolie, Tonstücke, Halbedelsteine, Werkzeuge, ein Tonkännchen mit einer Inschrift des Besitzers und die Scherbe eines Kruges mit der Darstellung der Beschwörung dämonischer Kräfte durch den »Meister« und seine »Gehilfen«. Und als zweifelsfreies Beweisstück des rechtmäßigen Besitzers einen kleinen Kamm mit der Aufschrift: »Des Phidias bin ich« – Ich gehöre dem Phidias.

Die wiederentdeckte Werkstatt entspricht in ihren Ausmaßen, in ihrer Ausrichtung und damit auch den Lichtverhältnissen genau der Cella des Zeus-Tempels. Die Statue, die Phidias dort in mehrjähriger Arbeit schuf, konnte also in voller Größe aus der Werkstatt herausgebracht und in dem ihr gegenüberliegenden Kultraum des Tempels aufgestellt werden. Möglicherweise wurde sie aber auch in Einzelteilen gefertigt, die dann im Tempel zusammengesetzt wurden.

Über das Schicksal des Künstlers kursieren nur Spekulationen. Hat er bis zu seinem Tod als angesehener Bürger gelebt? Ist er nach Fertigstellung der Zeus-Statue zurück nach Athen gegangen? Plutarch berichtet, Phidias sei mit dem großen Staatsmann Perikles befreundet gewesen, aber auch angeklagt gewesen, Gold für das Standbild der Göttin Athene im Parthenon-Tempel entwendet zu haben. Doch dann wäre er zweifellos mit Gefängnis oder gar Tod bestraft worden. Das berühmte Standbild der Athena Parthenos trug ihm zweifellos große Bewunderung ein, aber es rief wohl auch Neider auf den Plan. Möglicherweise sah Phidias sich gezwungen, seine Vaterstadt Athen zu verlassen. Und der große Auftrag in Olympia kam genau zur rechten Zeit: ein Bildnis des höchsten Gottes, prunkvoller, großartiger und hoheitsvoller noch als das der Athena.

Die Nachwelt jedenfalls hat Phidias von jeglichem Verdacht freigesprochen. Er allein, kein anderer Bildhauer der Geschichte, kann den Ruhm für sich in Anspruch nehmen, ein Weltwunder geschaffen zu haben.

Berichten zufolge hat Phidias seinen Zeus nur ungern vielen Besuchern zugleich gezeigt. Am liebsten stand er stundenlang allein im Tempel und betrachtete ihn. Auf den Goldschemel zu Füßen des Gottes habe er die stolzen Worte gesetzt: »Phidias, Sohn des Charmides aus Athen, hat mich geschaffen.«

GÖTTERDÄMMERUNG

Wie ein Magnet zogen die gewaltigen Reichtümer aus Opfergeschenken und Kriegsbeute Feldherren und Glücksritter nach Olympia. Zu verführerisch war der sagenumwobene Schatz dieses Tempels, um zu Geld und Macht zu gelangen.

In römischer Zeit ließen Kaiser und Millionäre hier Bauten und Bäder errichten, die nur ihrem Luxus dienten. Nero gar missbrauchte Olympia als Bühne für eitle Gauklereien. Die römischen Kaiser aus Byzanz trugen die Tempel Olympias ab, um aus ihren Steinen Verteidigungsmauern gegen die Barbaren zu errichten.

Als das Christentum Einzug in den Heiligen Hain hielt, verweltlichten die kultischen Kampfspiele. Bis die olympische Religion nicht mehr gefragt war. Der christliche Kaiser Theodosius I. verbot die Spiele im Jahr 393 n. Chr. als heidnischen Kult. Nachdem das Heiligtum aufgehoben worden war, musste auch der Zeus des Phidias ins Exil und wurde verschleppt. Im Jahr 426 n. Chr. wurde der Zeus-Tempel, einem Dekret von Kaiser Theodosius II. folgend, in Brand gesteckt. Was von der Zerstörung durch Menschen noch übriggeblieben war, stürzten zwei Erdbeben im 6. Jahrhundert zu Boden.

Endgültig besiegelte dann der wasserreiche Fluss Kladeos das Schicksal von Olympia. Eine Überschwemmung bedeckte alles, was von den einstigen Schätzen,

Tempeln und Weihestätten noch übrig war, mit einer meterhohen Schicht aus angeschwemmtem Sand.

Nichts ist übriggeblieben auch von Zeus, der mächtigen Statue in Olympia. Nichts bis auf eine Kupfermünze und eine Gemme, die den Kopf im Profil zeigen. Das Schicksal der Statue ist umstritten. Vermutlich wurde sie wegen ihrer kostbaren Materialien schon um 350 n. Chr. geplündert. Andere Überlieferungen berichten, sie sei nach Konstantinopel geschafft worden, wo sie 475 n. Chr. einem Brand zum Opfer fiel.

Olympia war gleichsam vom Erdboden verschwunden. Sogar der Name des Ortes ging verloren. Den Griechen wurde ihre Vergangenheit gleichgültig. Sie hatten kein Interesse für ihr großartiges Erbe, konnten sich nicht vorstellen, dass irgend jemand für das bloße Anschauen von umgestürzten Säulen, für alte zertrümmerte Steine Geld ausgeben möchte. Die Vergangenheit war tot, die alten Götter und Helden waren vergessen.

DIE WIEDERENTDECKUNG OLYMPIAS

An den Überresten des Zeustempels – nur ein paar Stufen, das Tempelfundament und mächtige Säulenrollen – hat man Olympia vor fast 250 Jahren, 1766, um genau zu sein, wiedererkannt. Allein der Durchmesser dieser Rollen beträgt 2,30 Meter! Sie geben eine Vorstellung von der Größe, der Wucht dieses Heiligtums.

Der englische Archäologe Richard Chandler aus Oxford hatte sich viel Mühe gegeben, etwas über Olympia zu erfahren. Doch so viel er auch fragte und kreuz und quer suchte, er stieß nur auf Achselzucken. Als er enttäuscht abreisen wollte, hörte er, sozusagen in letzter Minute, von den Ruinen. Er ritt sofort los und stand an einem Sommerabend vor den Resten des Zeus-Tempels. Wie ein gestrandetes Schiff ragten sie aus den Geröll- und Sandschichten. Dies musste Olympia sein! Endlich konnten die Archäologen sich orientieren. Sie wußten nun, wo sie den Spaten ansetzen mussten.

Neben den Fundamenten und den riesigen Säulenrollen, die an Ort und Stelle lagen, haben die Archäologen vom Tempel noch Teile des Giebelschmucks geborgen. Man kann sich von diesen im Museum von Olympia aufgestellten Funden eine Vorstellung von der einstigen Pracht des Heiligtums machen.

Kupferstich von Johann Fischer von Erlach

VIERTES KAPITEL

DER ARTEMIS-TEMPEL VON EPHESOS

Vom hellenischen Festland ging der Blick der Griechen auf das tiefblaue, vom Sonnenlicht überflutete Meer, über die zauberische Inselwelt der Ägäis bis hin zur Westküste des geheimnisvollen, reichen Kleinasiens und verlockte sie früh zu Abenteuer und Fahrt.

Schon ein- oder zweitausend Jahre v. Chr. siedelten sie auf den Ägäischen Inseln, bestellten die Erde, ernteten Oliven und züchteten Vieh, wie sie es in ihrer Heimat gewohnt waren, und brachten die hellenische Religion und Kultur in ihre neue Welt. Sie drangen weiter bis nach Kleinasien vor, wo sie in den fruchtbaren Tälern und an den Mündungen der wichtigsten Flüsse – Granikos, Kaystros und Maiandros – Siedlungen bauten.

Im Inneren des Landes stießen sie auf befestigte Städte mit Palästen von Königen und Tempeln der weiblichen Gottheiten Asiens, die sie in ihr eigenes Denken und Leben einbezogen.

Das Vorbild der Großen Mutter

An der Westküste Anatoliens, in der heutigen Türkei, war die Göttin der Fruchtbarkeit, die Große Mutter Kleinasiens zu Hause. Ihr baute die einheimische Bevölkerung Heiligtümer. Zahlreiche Bilder dieser Göttin wurden ausgegraben: Die Nährerin aller Geschöpfe, Herrin über Wälder und Berge, Zeugende und Empfangende in einem, trägt einen engen Rock, der mit Tiergestalten besetzt ist, eine hohe Kopfbedeckung, die eine entfernte Ähnlichkeit mit der späteren Tiara, der Krone des Papstes hat, und kostbaren Halsschmuck. Am erstaunlichsten aber ist ihr (wenn man es so sehen will) »Mieder«, ein Behang mit drei Reihen von je sieben eiförmigen Gebilden, welche die Phantasie mächtig herausgefordert haben. Diese merkwürdigen Anhänger wurden als symbolische Brüste gedeutet, mit denen die Göttin alle Geschöpfe der Natur nähre, als Ausdruck der Fruchtbarkeit.

Die Plastiken der Fruchtbarkeitsgöttin lassen in der Tat zunächst an eine Vielzahl von Brüsten denken, obschon auffallen muss, dass sie physisch gesehen zu weit unten hängen, und auch dass die Brustwarzen fehlen. Nicht einzusehen, warum die Völker jener Zeit mit ihrer Naturreligion ausgerechnet dieses Detail vernachlässigt oder gar ein Tabu respektiert haben sollten. Wohl eher ist anzunehmen, dass die »vielbrüstige« Göttin in Wirklichkeit doch eine Art Umhang trägt, der mit großen Eiern behängt ist. Das Ei galt in der Symbolik vieler Völker als ein Sinnbild der Schöpfung, des Lebens, der Auferstehung.

Die Amazonen dieser Göttin gründeten Städte und führten Kriege, bewaffnet mit Speer und Streitaxt, mit Schild, Bogen und Köcher. Sardes, in dessen Burg König Kroisos von Lydien die Schätze der Welt sammelte, wollte sich zum Herrn über die griechischen Städte Kleinasiens aufschwingen. Er zog auch gegen Ephesos, die griechische Hafenstadt, an der Ostküste der tiefblauen Ägäis und an der Mündung des fischreichen Flusses Kaystros gelegen, dessen fruchtbares Tal, die *Asia prata*, ganz Asien den Namen gab.

Die Göttin Artemis

Die Griechen haben die fremdartige Fruchtbarkeitsgöttin übernommen und umbenannt. Sie machten die Große Mutter Kleinasiens zu der ihnen vertrauten Artemis – die höchst populäre Tochter des Zeus, die als Herrin der freien Natur mit ihren Gefährtinnen umherzog und durch die Wälder schweifte. Artemis, die Göttin der Jagd, beschützte nicht nur die in der Wildnis lebenden Tiere, auch die gebärenden Mütter und ihre Säuglinge. Die kleinasiatische »Artemis« war eben nicht – wie auf späteren Abbildungen zu sehen – eine charmante, leichtgeschürzte Jägerin mit Pfeil und Bogen, vielmehr eine geheimnisvolle Freundin der Natur, wild und nicht zu bändigen.

Oft befand sich neben einem Artemis-Tempel, einer Weihestätte für die Augenweide, die nachtschwärmende, mit der Fackel die Berge lärmend und wild durchstürmende Göttin, begleitet von einem Schwarm Nymphen, auch ein Heiligtum für den ihr zur Seite stehenden Apollon, den unsterblichen Gott der Musik, der Maße und Zahlen, dessen Klarheit die Tiefe durchdrang. Apollon und Artemis waren Zwillingskinder des Zeus und der goldgelockten Titanin Leto, in dem heiligen Hain Ortyga bei Ephesos geboren.

Der vielbesungenen Göttin wurden von Griechenland bis zum westlichen Kleinasien viele Tempel und Kultstätten errichtet. In Ephesos, der Stadt an der Westküste Kleinasiens, stand ihr größter und herrlichster Tempel, das Artemision, das mit dem Kultbild der Göttin seit der Antike zu den Sieben Weltwundern zählt.

Feste in Ephesos

Ephesos lag in einer tiefen Meeresbucht an der Mündung des Flusses Kaystros. Es war eine fröhliche, reiche, mit Leben erfüllte, ja wollüstige Stadt, in der reichlich Wein getrunken und der Sinnenfreude gehuldigt wurde. Frauen und Männer trugen Kleider in Veilchen-, Purpur- und Safranfarbe, Umhänge im Hyazinthenblau der Ägypter oder aus persischen Stoffen, deren scharlachfarbenes Gewebe übersät war von Körnchen aus reinem Gold. Die Straßen waren gesäumt von Handwerkerbuden und Verkaufsständen: Hier wurde in aller Öffentlichkeit gelebt und geliebt, gearbeitet und gehandelt. Hier war immer etwas los, trafen sich Leute aus aller Welt: Händler aus Ägypten und dem Orient, Gaukler und elegante Reiter. Die Frauen wandelten mit farbenfrohen Fächern und goldfarbenen Schuhen auf dem blitzsauberen Marmorpflaster auf und ab, um zu sehen und gesehen zu werden.

Die Stadt war für ihre Reinlichkeit und Hygiene bekannt. Die Straßen waren stets blank gescheuert, selbst am Hafen wurde auf Sauberkeit geachtet, zumal Frachten oft nicht an Ort und Stelle verarbeitet wurden, damit die Abfälle das schnell versandende Hafenbecken nicht völlig verstopften.

Auch unter Kroisos ging es den Ephesern glänzend. Der König war keiner der gefürchteten, grausamen Tyrannen, die nur forderten und rafften und sich keinen Deut um das Wohlergehen der Bevölkerung scherten. Aus Faszination für die griechische Kultur und die griechischen Götter investierte er viel. Nicht ohne Grund war sein Reichtum legendär (so sagenhaft, dass lange Zeit ein reicher Mann »Krösus« genannt wurde).

Die Weissagung der Pythia von Delphi, Kroisos würde, wenn er den Fluss Halys (die Grenze Persiens in Kleinasien) überschreite, ein großes Reich zerstören, stimmte ihn zuversichtlich. Doch erfüllte sich das doppeldeutige Wort auf entgegengesetzte Weise.

Während in Ephesos die Scharen junger Männer und schöngegürteter Mädchen durch das Koressostor auf der Prozessionsstraße singend und tanzend zum einteinhalb Kilometer entfernten Heiligtum zogen und die Göttin Artemis auf die Tänze der Priesterinnen und auf die ihr dargebrachten Opfer herablächelte, rüstete im iranischen Hochland in seiner Residenz Pasagarde der große Kyros sein Heer – Kyros, der König der Könige und Herrscher des Persischen Reiches. Gegen ihn hatte Kroisos keine Chance – kleinlaut musste er sich Kyros

546 v. Chr. geschlagen geben und wurde gefangen genommen. Sardes wurde von den Persern im Sturm genommen, auch Ephesos und alle griechischen Städte an der Westküste Kleinasiens kamen unter persische Herrschaft.

Derselbe Kyros nahm sieben Jahre später Babylon ein, entließ die Israeliten aus der babylonischen Gefangenschaft und gestattete – wie die Bibel berichtet – ihre Rückkehr nach Jerusalem.

Artemis blieb von allen Kämpfen und kriegerischen Auseinandersetzungen unberührt. Die Perser hatten nichts dagegen, dass am Artemis-Tempel in Ephesos weitergebaut wurde. Die Arbeiten an dem damals größten griechischen Tempel haben rund 120 Jahre gedauert.

Kyros starb 529 im Kampf tödlich verwundet, Könige kamen und gingen, zwei Jahrhunderte lang zogen Krieger von Osten nach Westen, wurden Schlachten geschlagen, Städte unterworfen und wieder befreit, Bündnisse geschlossen und wieder gelöst, stiegen Reiche auf und vergingen wieder. Aber es blieb das Volk der Griechen und seine Kultur. Unvergänglich blieb auch die Göttin Artemis und ihr Tempel zu Ephesos, Asyl aller Verfolgten und Ausgestoßenen, es blieben ihr Kult und ihre Feste.

Das berühmteste unter ihren Standbildern wurde in Ephesos verehrt; leider ist es verlorengegangen. Man hat jedoch in Ephesos noch drei Artemis-Statuen gefunden. Sie alle überliefern die große Bedeutung dieser Göttin, die von der Jugend verehrt wurde (vor der Hochzeit wurden ihr Opfer dargebracht), für schmerzlose Geburt sorgte, als Meisterin des Bogens aber auch den Tod brachte. Die Herrin des Mondes, der jungen Tiere, der Frauen und der Städte.

Über den Artemis-Kult sind wir gut unterrichtet: Glanzvolle Kultprozessionen zogen alljährlich der Göttin zu Ehren durch die Stadt. Im Tempel wurden Opfer dargebracht. Artemis-Standbilder, im Heiligtum aufbe wahrt, wurden zum Stadttheater getragen, wo ein Festakt stattfand. An der Spitze des Festzuges schritt der Oberpriester, hinter ihm die schönste Jungfrau, die jedes Jahr zu diesem Anlass neu gewählt wurde: »Miss Ephesos« ließ sich als Artemis verkleidet, mit wehendem Gewand, eine Brust frei, von den Zuschauern bewundern. Stolz trug sie die Attribute der Göttin, Köcher, Speere und Bogen. Hunde umsprangen sie bellend.

Die Spektakel zog vor allem die Jugendlichen an. Es war nicht nur das Fest ihrer Göttin, es war ihr Fest, das tanzend und singend begangen wurde. Ein Fest, bei dem Mädchen und Jungen sich kennenlernten, flirteten und verliebten. Kein Wunder, dass der Festtag der Artemis als »Heiratsmarkt der Stadt« galt.

Langsam wälzte sich der Festzug durch die Prozessionsstraße, durch das Tal zwischen den beiden Bergen zum steinernen Theater. Das Schauspiel in diesem besonders großen und schönen Bau war der Höhepunkt des Tages. Hier wurden normalerweise auf einer riesigen Bühne mit einem grandiosen Chorraum vor über dreißigtausend Zuschauern die Stücke von Aischylos, Euripides und Aristoteles aufgeführt. Der Chor vertrat die öffentliche Meinung und war deshalb besonders beliebt, während die Schauspieler symbolische Rollen spielten, sich als Sinnbild sahen, als Maske oder Schatten. Handlungen wie Zweikampf oder Mord wurden zwar hörbar für die Zuschauer erzählt, gespielt jedoch nur hinter der Bühne, unsichtbar für das Publikum. Das Theater sollte nicht etwa Realität widerspiegeln, sondern ein Mysterium versinnbildlichen. Komödien und Tragödien, Oden und Epen wechselten sich ab, in Darstellung, Mimik und Sprache vorzüglich dargestellt, voller Spannung und Dramatik. Jeder Ton, noch so leise geflüstert, drang in dieser spektakulären Kulisse bis zur letzten Marmorbank dreißig Meter hoch über der Bühne. Eine wunderbare Akustik, noch heute oft unerreicht.

Am Tag der Artemis gehörte das riesige Theater jedoch allein der Göttin. Der Oberpriester verkündete – wie Homer es überlieferte – den Zuschauern: »Artemis sing ich, mit goldenen Pfeilen, die lärmende, wilde, reine Jungfrau, die bogenerfreute, den Schrecken der Hirsche, die, auf schattigen Höhen und windigen Felsgebirgen froh der Jagd ergeben, gespannt den goldenen Bogen, schmerzliche Pfeile entsendet. Doch die dann entspannt die Krümmung des Bogens und enteilt, um die Chariten und Musen zu prächtigen Tänzen zu leiten. Geschmückt den Leib mit goldnem Geschmeide, führt sie den Chor.«

Nach den Festlichkeiten im Theater zogen die Epheser zurück ins Artemision. Der offizielle Teil der Feiern war beendet, doch im Bankettbaus begann nun erst das Volksfest, ausgelassen und von überschäumender Heiterkeit. Man räkelte sich auf hufeisenförmigen Sofas in kleinen Nischen, der schwere, feurige Wein floss in Strömen. Und die Liebe feierte ihr eigenes Fest.

EIN TEMPEL FÜR DIE GÖTTIN

Weit vor den Toren der Stadt, inmitten unberührter Natur, am Rande einer tiefen Meeresbucht lag das Artemision. Ein wahres Bauwunder, ein Traum in Weiß. Geschmückt mit Skulpturen der hervorragendsten griechischen Bildhauer, die es als eine große Ehre empfanden, wenn ihre Werke im Artemision aufgestellt wurden. Der Tempel diente also nicht nur als religiöse Kultstätte und Heiligtum, er war auch damals schon Museum. Und auch Schatzkammer, Depositenbank und Kreditinstitut, Sammelpunkt für Opfer, Geschenke und Spenden, Münzstätte, Vermögensverwaltung für die Stadt, aber auch für die Bürger. Geld und Wertsachen galten hier als besonders geschützt und absolut sicher. Auch aus diesem Grunde war der Tempel – wie viele andere auch – streng bewacht.

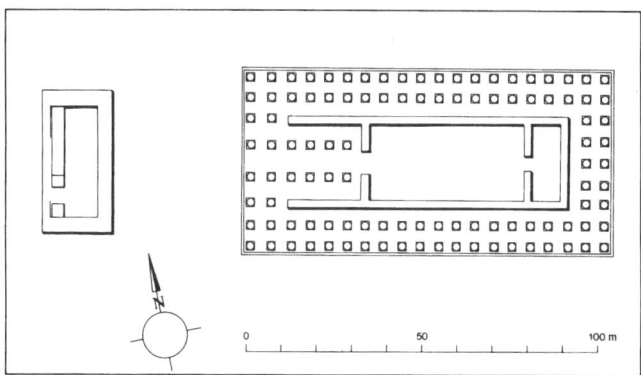

Grundriß des Artemis-Tempels in Ephesos. (Nach A. Bammer)

Wann der Fruchtbarkeitsgöttin in Ephesos erstmals ein Heiligtum errichtet wurde, ist unbekannt. Schon zur Zeit des sprichwörtlich reichen Königs Kroisus muss ein beachtlicher Tempel bestanden haben. Nach der Eroberung der Stadt bot der Lyder-König sofort an, den beschädigten Tempel zu restaurieren, ihn noch schöner und größer wiederherzustellen. Kroisus legte großen Wert darauf, gerade bei den Griechen angesehen zu sein; er verehrte die griechischen Götter und suchte sie, die Griechen, damit freundlich zu stimmen. Er beschenkte nicht nur Ephesos, sondern auch den Apollon-Tempel in Didyma, ein berühmtes Orakel in der Nähe von Milet. Auch dem Heiligtum von Delphi machte er großzügige Geschenke, begierig zu hören, was ihm die Zukunft bringen würde.

Der Eroberer Kroisos wußte, was er der Göttin schuldig war: Tief verbeugte er sich vor dem Heiligtum der Artemis, das gerade – seit etwa 550 – nach den Plänen und unter der Leitung des Architekten Chersiphron aus Knossos und seines Sohnes Metagenes gebaut wurde. Als Baumeister war Theodoros von Samos verpflichtet worden. Was der Geschichtsschreiber und Weltreisende Herodot in seinen Geschichten erzählt, wird von der

Weiheinschrift auf einer Säule bestätigt: dass nämlich König Kroisos die meisten mit Skulpturen geschmückten Säulen des Heiligtums gestiftet hat. Zahlreiche Weihegeschenke für Tempel und Göttin, darunter auch solche des Königs, sind noch heute erhalten.

Herodot nannte als Baumaß des Tempels eine beachtliche Größe: fünfundsechzig mal einhundertfünfundzwanzig Meter. Im Mittelpunkt des Heiligtums befand sich die Cella, die das Kultbild der Artemis barg. Eine doppelte Säulenreihe umgab die Cella, einhundertsiebenundzwanzig Marmorsäulen von achtzehn Meter Höhe, ein Säulenwald, der die Besucher über die Maßen beeindruckt haben musste.

Eine schon von Plinius präzise angegebene Säulenzahl: An der Rückseite waren neun Säulen, an der nach Westen ausgerichteten Vorderseite jedoch nur acht Säulen angeordnet. Ihr Durchmesser betrug ein Zwölftel des Höhenmaßes, fast 1,70 Meter. Für sich betrachtet, sind das trockene Zahlen, die nicht mehr aussagen, als erführe man die Körpermaße von Angelina Jolie in Zentimetern. Viel wichtiger sind die Proportionen: Entscheidend ist nicht, eine ungeheuer hohe Säule zu schaffen, sondern ihr ideales Verhältnis von Höhe zu Umfang. Und auch nicht die Menge der Säulen ist interessant, sondern der Abstand der Säulen zueinander, die Zwischenräume. Sie erst ergeben und schaffen ein überwältigendes Raumgefühl.

Dieser »Säulenwald« im Artemision muss von solch einem unglaublichen Rhythmus, von solch geheimnisvoller Schönheit gewesen sein, dass er alle Menschen bezauberte. Licht und Schatten brachten zusätzliche Bewegung in die Architektur.

Sechsunddreißig Säulen – die sich aller Wahrscheinlichkeit nach an der Eingangsseite des Tempels befunden haben – waren mit Bildwerken und Skulpturen geschmückt.

Die Decken und der Dachstuhl des Tempels waren aus

Das ältere Artemision. Seitenansicht der Vorhalle.
(Rekonstruktion von Fr. Krischen)

Zedernholz, den berühmten Zedern des Libanon, die Flü-
geltüren aus poliertem Zypressenholz. Die glänzenden
Marmorböden spiegelten den Goldschmuck der Wände.
Das Haus war von leuchtenden Farben erfüllt. Wie über-

haupt die Statuen in der Antike nicht von kühler, marmorner Blässe waren, sondern bunt bemalt.

Die Fundamente waren, so gut es ging, erdbebensicher angelegt. Angekohlte Eichenstämme waren in den weichen sumpfigen Untergrund eingerammt worden, auf den Pfahlrost war Felsgestein aufgeschüttet. Ein festes Haus der Göttin also, wie für ewige Zeiten gegründet.

DIE STATUE DER ARTEMIS

Noch überwältigender und imponierender als der Tempel muss der Eindruck der Artemis-Statue gewesen sein. Das ursprüngliche Kultbild von Ephesos aus Gold, Ebenholz, Silber und schwarzem Stein ist nicht erhalten. Die zahlreich erhaltenen Nachbildungen aus Stein und Marmor – vor allem aus der römischen Kaiserzeit – zeigen aber, von Varianten abgesehen, den immer gleichen Typus der Großen Mutter. Auch die Abbildungen auf den Münzen lassen Tempel und Kultbild deutlich erkennen und beweisen die unzerstörte und unzerstörbare Überlieferung.

Im Gegensatz zu anderen bekannten Tempeln blickte Artemis in Ephesos von Osten nach Westen, vom Sonnenaufgang zum Sonnenuntergang, von Asien nach Europa.

Die Kultstatue zeigte die Göttin des keuschen Tages und geheimnisvolle Herrscherin der Nacht, die berauschte Jägerin und schützende Mutter hilflos schweifender Tiere. Das Sinnbild des Kindlich-Einfachen und doch Unberechenbaren, mit einem feinen, bezaubernden Lächeln und dennoch wild und unerbittlich. Die Göttin der freien Natur stand den Betrachtern nicht in bewegter Gebärde, sondern frontal gegenüber, mit eng geschlossenen Beinen und Füßen, die Oberarme dicht am Körper, die Unterarme und Hände nach vorn gestreckt, als

Die sogenannte „Schöne Artemis". Römische Marmornachbildung der Kult-statue in Ephesos. (Museum Ephesos/Selçuk)

wolle sie geben und empfangen. Über einem leichten, nur an den Füßen und Armen sichtbaren Untergewand, dem Chiton, trug sie ein hautenges, lederartig wirken-

93

des Kleid, Ependytes genannt, das Beine und Hüfte umspannte, geschmückt mit Reliefs von Löwen, Böcken,
Rindern, Greifen, Rehen und den ihr heiligen Bienen.
Auf den Armen und Schultern der Göttin saßen Löwen
und Fabeltiere. Ihr feines, aus dem Marmor herausge-
arbeitetes Gesicht war bemalt und von goldenem Kopf-
schmuck umrahmt.

Vor dem Oberkörper trug die Göttin den Behang, den
man als Vielbrüstigkeit und Symbol der Großen Mutter
gedeutet hat. Noch immer gibt es nur Spekulationen
und Vermutungen über diese eiförmigen Gebilde.

Die Tat eines Wahnsinnigen

Niemand konnte vorhersehen, dass nicht Naturge-
walten und nicht der Krieg, sondern ein Verbrechen das
Heiligtum zerstören würde. In einer Nacht des Jahres 356
v. Chr. wurde Artemis das Opfer eines Wahnsinnigen.
Im Rausch legte ein Mann die brennende Fackel an den
Tempel und das Bild der Göttin Artemis. Es ging alles
rasend schnell. Rasch erfassten die Flammen die Gewän-
der der Statuen, die Weihegaben und Kultgeräte, die gesamte Inneneinrichtung. Die Göttin stürzte nieder, das
Gebälk brach, die Säulen fielen der Reihe nach um. Das
Feuer griff auf die hohen, mit Öl polierten Holztore über
und schließlich auf die Dachkonstruktion. Die Flammen,
die noch der Wind vom Meer verstärkte, schlugen hoch
und vernichteten alles.

Um sich durch seine ungeheuerliche Tat unsterblich
zu machen, nur aus diesem Grund, hatte Herostrat, ein
Psychopath, der an krankhafter Geltungssucht litt, das
Feuer gelegt und den Tempel angezündet, aus dem einzigen Wunsch heraus, mit dieser Wahnsinnstat von sich
reden zu machen.

Am nächsten Morgen standen die Epheser fassungs-
los vor ihrem Heiligtum, das nur noch eine Ruine war:

Säulen lagen umgestürzt in der Asche, zersplitterte Kapitelle, zu Kalk verbrannte Marmorskulpturen. Entschlossen verboten sie bei Todesstrafe, den Namen des Brandstifters jemals auch nur zu erwähnen. Der verrückte Frevler hat sein Ziel trotzdem erreicht: Zerstörung aus Geltungssucht wurde fortan als »Herostraten-Tat« bezeichnet.

WO WAR DIE GÖTTIN IN DER SCHICKSALSNACHT?

Warum hat Artemis ihr eigenes Heiligtum nicht zu schützen, den Brand nicht zu verhindern vermocht? Dass die Göttin, deren Standbild aus metallbelegtem Rebenholz unbeschädigt geborgen werden konnte, die Katastrophe des Tempels nicht hat verhindern können, bereitete den Gläubigen erhebliches Kopfzerbrechen. Erst später fand sich eine Erklärung, da der Brand des Artemis-Tempels mit einem anderen Ereignis verknüpft werden konnte, mit einem Namen, der die Flammen von Ephesos überstrahlte: Die Göttin, so hieß es, sei in der Schicksalsnacht abwesend gewesen, weil sie bei der Geburt des Königssohnes Alexander in Pella, der mazedonischen Königsresidenz bei Thessaloniki, helfend habe eingreifen müssen. In der Nacht, in welcher der Artemis-Tempel bis auf die Grundmauern niederbrannte, soll nämlich Alexander von Makedonien, den man schon zu Lebzeiten den Großen nannte, geboren worden sein. So konnte der brennende Tempel als ein großartiges Flammenzeichen gelten für die Geburt eines Mannes, der schon zu Lebzeiten vergöttlicht wurde.

Das zweite Artemision

Auch wenn die Kultstatue gerettet werden konnte: Die Vernichtung des Heiligtums war für die Epheser ein furchtbarer wirtschaftlicher Schlag. Doch die Rettung der Artemis-Statue schien ihnen ein Zeichen ihrer Gottheit zu sein, wirkte wie ein Fanal. So beschlossen sie, den Tempel wieder aufzubauen, am gleichen Ort, in gleicher Größe und Pracht, womöglich noch schöner, noch großartiger. Die Hellenen sahen darin eine gemeinsame, ja nationale Aufgabe, übertrafen sich an Opferbereitschaft. Aus ganz Griechenland trafen Spenden für das neue Heiligtum ein, Frauen trennten sich von kostbarem Schmuck, Geld wurde von weither, sogar aus dem Orient, geschickt. Mit der Bauleitung wurde der Baumeister Deinokrates beauftragt.

Einhundertzwanzig Jahre bauten die Epheser an dem neuen Tempel der Artemis, bis sie den Neubau endlich nach der Mitte des 3. Jahrhunderts v. Chr. abschlossen. Der Grundriss des früheren Tempels wurde in allen Einzelheiten übernommen – Länge, Breite, Höhe identisch, Wand an Wand, Säule neben Säule, selbst die Verteilung der Säulenskulpturen war gleich. Nur wurde der neue Tempel jetzt auf ein Podest von dreizehn Stufen gestellt, so dass sein Niveau 2,68 Meter über dem älteren Tempel lag.

Und auch die Göttin blickte wieder von Osten nach Westen, als Mittlerin zwischen Asien und Europa: Über allen Wirren der folgenden Jahrhunderte, über allem Blutvergießen und Sterben stand sie groß und mächtig und ehrfurchtgebietend über der Stadt, die schöner und prächtiger denn je wurde.

Als im Alter von zweiundzwanzig Jahren der junge makedonische König Alexander im Befreiungskampf der Griechen an der Spitze von vierzigtausend Make-

donen und Hellenen gegen die Perser zog, marschierte
er zunächst auf das stark besetzte Sardes zu, das er unterwarf. Und rückte dann in Ephesos ein. Alexander ließ
festliche Wettkämpfe veranstalten, befreite die Stadt von
allen Abgaben und Steuern. Sichtlich bewegt stand er vor
dem neuen, damals noch längst nicht fertigen Artemis-
Tempel. Gleichsam unter den Augen der Göttin, mit der
er so schicksalhaft verbunden gewesen sein soll, nahm
er eine Truppenparade ab, so wie es mehr als zweitausend Jahre später Napoleon vor den Pyramiden tat.

Alexander opferte der Göttin in gewohnter Großzügigkeit: Er bot den Ephesern an, den Weiterbau des
Tempels zu finanzieren. Doch es scheint, als hätten die
Würdenträger der Stadt befürchtet, ihre eigenen Bemü-
hungen könnten vom Namen des großen Makedonen-
Königs überstrahlt werden. Mit gebotener Vorsicht und
mit dem Trick einer Schmeichelei lehnten sie die Offerte
ab: Einer Gottheit das Haus zu bauen, käme den Menschen, nicht jedoch einem Gott zu. Der junge Alexander
schien das respektiert zu haben; er bestand nicht weiter
auf seinem Angebot.

Das neue Weltwunder ging der Vollendung entgegen.
Der Tempel der Artemis von Ephesos war viermal größer als der Parthenon in Athen. Das größte Heiligtum
im griechischen Raum! Seine Ausstattung aus Marmor
und Gold war von unübertreffbarer Kostbarkeit und ließ
nichts zu wünschen übrig. Sogar der große Praxiteles
soll am Skulpturenschmuck mitgearbeitet haben.

Der marmorne Artemis-Tempel in Ephesos wurde
bald als »die vornehmste, größte und schönste Weihestätte des Erdkreises« bezeichnet. Der Römer Plinius nannte ihn »ein wahrhaft bewunderungswürdiges Denkmal
griechischer Pracht«. Auch das Neue Testament spricht
in der Apostelgeschichte vom »Tempel der großen Göttin Diana« und »ihrem himmlischen Bild«.

Aus diesem biblischen Buch erfahren wir auch, dass
Paulus, der Wanderprediger, 55 bis 57 n. Chr. in der

Stadt der Artemis den neuen christlichen Glauben verkündete. Eines Tages äußerte er sich abwertend über die
kleinen silbernen Nachbildungen der Göttin Artemis
und des Artemis-Tempels, die in Ephesos als Souvenirs
verkauft wurden. Was mit den Händen gemacht werde,
ereiferte er sich, das seien keine Götter, sondern Götzen.
Damit brachte er zunächst die Gilde der Silberschmiede
gegen sich auf, die zu einer großen Demonstration im
Theater aufriefen.

Ihr Anführer, der Gold- und Silberschmied Demetrios, stand auf und skandierte wütende Protestschreie.
Aufgebracht hielt eine flammende Rede, und die erregte
Menge sprang von ihren Sitzen auf. Tausende von wü-
tenden Stimmen vereinten sich zu einem einzigartigen,
zwei Stunden anhaltenden Bekenntnis: »Groß ist die
Artemis von Ephesos! Groß ist die Artemis von Ephesos!« Die Bürger von Ephesos sahen ihre alte Religion
bedroht, die ihnen ein gutes Auskommen sicherte, und
die Bedeutung der Stadt herabgesetzt. Fast wäre Paulus
aus der Stadt gejagt worden; der Apostel des christlichen Glaubens verließ Ephesos noch am gleichen Tag
mit eiligen Schritten.

Der Untergang des Tempels

Dem Vordringen der römischen Legionen im östlichen Mittelmeer – im zweiten Jahrhundert v. Chr. – und
der Ausbreitung ihrer Macht mit Waffengewalt war
nicht mehr Einhalt zu gebieten. Von 133 an gehörte auch
Ephesos zum Imperium Romanum, verlor die Stadt wie
auch andere griechische Provinzen an Glanz und Einfluss. Doch konnte Rom den Schutz des Heiligtums ga-
rantieren? Immerhin übernahmen die Römer die Göttin
Artemis unter dem Namen Diana, wie einst die Griechen
die Fruchtbarkeitsgöttin von Kleinasien übernommen
hatten. Unter der Friedenspolitik des römischen Kaisers

Augustus blühte die Stadt noch einmal auf, wurde Ephesos zu einem Faktor wirtschaftlicher, politischer und kultureller Macht.

Im Jahr 263 n. Chr. wurde Ephesos von den Goten, die als Seeräuber das Ägäische Meer unsicher machten, barbarisch ausgeraubt und vernichtet. Sie plünderten auch den Artemis-Tempel und steckten ihn in Brand. Ein Fanal für den Niedergang der römischen Welt.

Kaiser Konstantin der Große, der das Christentum förderte, ließ die Ruine des heidnischen Tempels abtragen. Spätere Besatzer brachten fort, was noch verwendbar erschien. Die letzten Steine, die den Abtransport nicht mehr lohnten, versanken im feuchten Erdreich. Schließlich, als die Pflüge jahrhundertelang darüber zogen, war niemandem mehr bewußt, dass dies einst heiliger Boden gewesen war.

Die Suche nach dem versunkenen Heiligtum

Mittlerweile wissen wir: Der Tempel der Artemis stand am Meer, am Rand einer tiefen Bucht, die im Verlauf von 2 500 Jahren immer kleiner wurde. Einst fuhren von hier die Schiffe aus, und über dem riesigen Dach des Tempels flogen die Möwen. Doch dann schwemmte der Fluss Kaystros alljährlich ungeheure Mengen Sand und Geröll von den Bergen herab. Der Hafen versandete, die Bucht wurde mehr und mehr zu Festland. Nur ein schmaler Kanal verband die Stadt schließlich noch mit dem Meer, statt großer Frachtschiffe, die Waren aus aller Welt heranbrachten, dümpelten nur noch kleine Fischerboote im seichten Gewässer.

Als die Verbindung zum Meer abgeschnitten war, verfiel die Bedeutung der Stadt allmählich. Im Laufe der Jahrhunderte wurde sie zu einer leichten Beute für die Türken, die Araber und Seldschuken, die das Baumaterial der antiken Stadt für die eigenen Bauten nutzten. Die Osmanen, die im späten Mittelalter anrückten, dürften nicht mehr viel vorgefunden haben.

Und dann kamen die Europäer, nicht als Eroberer, sondern als Archäologen. Doch sie standen vor einem Sumpfgebiet. Der Artemis-Tempel, den sie suchten, war längst vollständig verfallen, versunken, verschwunden. Niemand wußte mehr etwas über ihn zu sagen, er war in Vergessenheit geraten. Nicht einmal sein früherer Standort ließ sich noch feststellen.

Allein auf der Grundlage der antiken Angaben hatte Johann Fischer von Erlach 1725 eine Darstellung des Artemision versucht, die von Wahrheit und Wirklichkeit – wie spätere Forschungen ergaben – nicht weit entfernt war. Zu unserem heutigen Wissen haben vor allem die Münzen, die ein Jahrhundert nach der Zeitwende unter Kaiser Hadrian geprägt wurden und sowohl das Artemision wie auch die Göttin Artemis zeigen, beigetragen. Natürlich ist der Eindruck des Monumentalen auf den vergleichsweise kleinen römischen Münzen nicht wiederzugeben. Immerhin erkennt man, wie die Tempelfront gegliedert war, dass sich über den hohen Säulen ein reich mit Figuren geschmückter Giebel erhob.

Gestützt auf überraschende Funde, spätere Grabungen und Messungen und ergänzt durch Zitate, Maße und Zahlen in der antiken Überlieferung, wurde die Rekonstruktion des Weltwunders dann doch noch möglich.

Wiedergefunden hat den Standort des Artemision der englische englische Ingenieur John T. Wood, der 1863 auf seiner Suche durch eine Inschrift des Caius Vibius Salutarius über die Stiftung von einunddreißig Gold- und Silberstatuen für das Artemision, endlich an den richtigen Ort gewiesen wurde.

Sieben Jahre lang grub Wood in dem Ruinengelände des antiken Ephesos und westlich davon Richtung Meer, fand aber nur ein paar kleine Statuetten. Doch er gab nicht auf. Jahre später, als seine Geldgeber längst die Hoffnung auf Erfolg und damit die Geduld verloren hatten, fand Wood eines Tages Inschriften in den Ruinen des Theaters von Ephesos. Inschriften, auf denen der alljährliche Prozessionszug vom Tempel durch die Stadt zum Theater und zurück mit einer genauen Wegbeschreibung angegeben waren. Als er endlich mühsam neues Geld in England aufgetrieben hatte, entdeckte Wood dann schließlich, eineinhalb Kilometer vom Zentrum der Stadt entfernt, unter einer sechs Meter tiefen Schlammschicht das Marmorfundament des Tempels der Artemis. Die Sensation war perfekt.

Wood förderte die erstaunlichsten Fundstücke zutage, vor allem die mit Reliefs und Skulpturen geschmückten Säulen, die *Columnae caelatae*. Auf ihnen waren die Geschichten der Götter und Helden zu sehen: die Rückkehr der Persephone, die von Hades in die Unterwelt entführt worden war, begleitet von Hermes, dem Götterboten; der für seinen Frevel an Apollon büßende Herakles; der Held Theseus, den Riesen und Wegelagerer Sinus überwindend. Siegesgötter, die Stier und Schaf zum Opferfest führen. Musen, Mädchen des Zeus, welche die Helden und ihre Taten besingen und die Menschen die Künste des Wortes und der Töne lehren. Selbst diese wenigen Bruchstücke von mythischen Schicksalskämpfen lassen erkennen, wie wunderbar das Ganze gestaltet gewesen sein muss.

Auch David Hogarth, einem weiteren vom Britischen Museum in London gesandten Archäologen, gelangen aufsehenerregende Funde. In den Schlammschichten entdeckte er Dinge, die Wood liegengelassen oder übersehen hatte. Dann stieß er zufällig unter dem Sockel einer Götterstatue auf eine Tafel aus Gold, auf Kostbarkeiten wie Perlen, Ketten, Ohrringe, Broschen, Statuetten, Kristalle. Und er fand Geldstücke. Die Münzen waren Teil eines Depots für Wertsachen. Der Schatz der Artemis war entdeckt, dreitausend Objekte von unschätzbarem Wert.

Schon über ein Jahrhundert dauern die Ausgrabungen der Stadt Ephesos. Und noch immer ist kein Ende abzusehen. Ephesos bietet heute einen endlosen Spaziergang durch vergessene Zeiten, auf kilometerlangen marmorgepflasterten Straßen, vorbei an öffentlichen Gebäuden, Kultbauten, Wohnhäusern, Badeanstalten. Sogar eine zweigeschossige Bibliothek, welche die Römer unter Celsus erbaut hatten, wurde freigelegt. Vom Theater aus kann man wie früher die weitläufigen Thermen sehen, die einst prunkvolle Arkadenstraße mit ihrer weithin berühmten Fackelbeleuchtung, die Stadttore und die Mauer.

Und sogar Artemis wurde wiedergefunden, in Gestalt von drei Kopien aus dem Heiligtum des ersten Tempels. Sie lagen sorgfältig eingebettet im Sand, als habe man sie heimlich vergraben und in Sicherheit gebracht.

Diese Funde waren eine wunderbare Bestätigung dessen, was vor zweieinhalb Jahrtausenden der griechische Philosoph Heraklit in Ephesos gelehrt hatte: »Nichts besteht für immer, alles ist veränderlich und schlägt fortwährend ins Gegenteil um. Aus Totem wird Lebendiges, aus Lebendigem Totes. Aus Wachen wird Schlaf, aus Schlaf Wachen.«

In Ephesos hatten selbst die Götter nicht vermocht, ihm das Gegenteil zu beweisen.

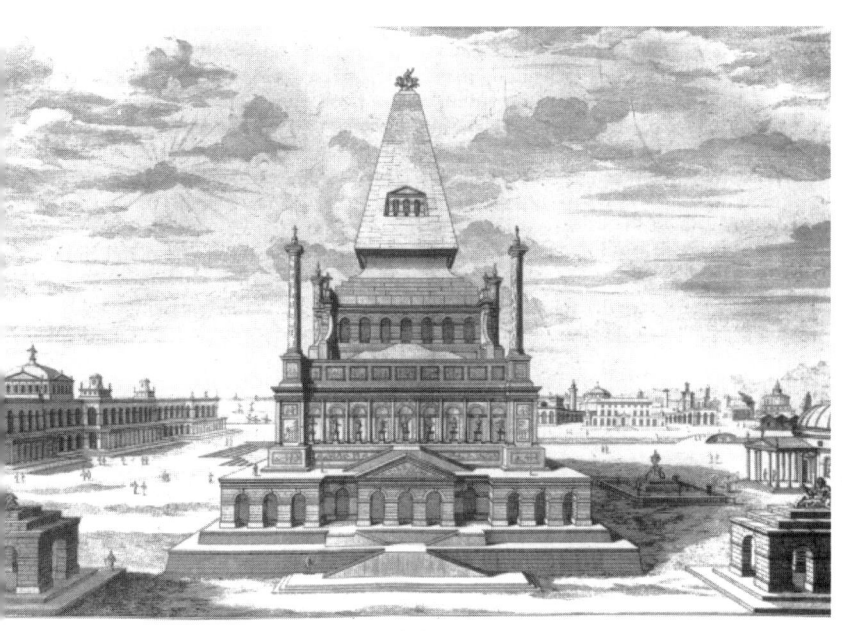

Kupferstich von Johann Fischer von Erlach

FÜNFTES KAPITEL

DAS MAUSOLEUM VON HALIKARNASSOS

Viel ist über Maussolos, den 353 v. Chr. verstorbenen Herrscher von Karien, des an der Südwestküste Kleinasiens gelegenen Landes, und sein zu den Sieben Weltwundern zählendes Grabmal – Mausoleion oder Mausoleum genannt – nicht bekannt. Sein Reich war ein Kleinstaat unter persischem Einfluss, seine Könige waren Statthalter des persischen Großkönigs.

Ein prinzipienloser Tyrann

Karien, dieses felsige Land südlich des Flusses Maiandros, mit einer reichgegliederten Küste mit tiefen Buchten, im Rücken von mächtigen Gebirgen geschützt, war ein idealer Lebensraum für die zur See fahrenden Karer. Der persische König Dareius, den fremde List und eigener Mut im Jahr 522 v. Chr. auf den Thron gehoben hatten, zählte auch Karien zu den ihm tributpflichtigen Ländern.

Doch zweihundert Jahre später tat Maussolos, seit 377 v. Chr. Herrscher von Karien, als persischer Provinzstatthalter längst, was ihm gefiel. Im Jahr 362 nahm er sogar an der Revolte aller von Persien unterjochten Küstenvölker, die mit Ägypten verbunden waren, teil. Ein Jahr später begleitete er den persischen König Artaxerxes II. auf seiner Strafexpedition gegen die Ägypter. Von einer besonderen Skrupelhaftigkeit konnte bei ihm keine Rede sein.

Maussolos nannte sich selbst Tyrann, die Bevölkerung seines Landes war abhängig von den Fähigkeiten, aber auch vom Wohlwollen des Herrschers. Alles, was Maussolos in seinem persönlichen Ehrgeiz, seiner Habgier, seinem Machthunger unternahm, tat er einzig und allein zum eigenen Vorteil. Es war überall und stets spürbar, dass ihn die Freiheit und das Wohlergehen seines Volkes nicht sonderlich interessierten. Was die Abneigung und den Haß gegen nur noch schürte: die Erhöhung der Steuern, die Verpflichtung junger Männer zum Kriegsdienst, die Niedertracht und Prinzipienlosigkeit, die das Land zur Beute seines Herrschers machte.

Immer wieder kam es zu Aufständen und Attentaten, vierundzwanzig Jahre lang häuften sich Schreckensbotschaften und Kriegsberichte, wurden Intrigen und Komplotte angezettelt. Doch der Gewaltherrscher Maussolos überstand alles. Seine Unberechenbarkeit war legendär – er besaß keinerlei Konzept oder Methode, fasste seine Entscheidungen willkürlich und spontan. Er scherte sich nicht um die Meinung anderer. Sogar gegen seine Nachbarn zog er in den Kampf; er veranlasste die Inseln Rhodos, Kos und Chios, abtrünnig von Athen zu werden, unterstellte sie dann seiner Herrschaft und war so dreist, Krieg gegen Milet, die mächtige und schöne Stadt an der Mündung des Maiandros mit ihren vier Häfen, zu führen und auch gegen das reiche Ephesos zu Felde zu ziehen. Er unterwarf das freiheitsliebende griechische Volk von Ionien, an der Küste zwischen Aiolien und Karien gelegen, und einen Teil des nördlich seines Landes gelegenen Lydien. Und auch das an edlen Hölzern und Weinen reiche Lykien machte er sich tributpflichtig.

Die Hauptstadt Halikarnassos

Dem König war die abseitige Lage seiner Geburtsstadt, der Residenz Mylase im Innern des Landes, ein Dorn im Auge. Er verlegte seinen Regierungssitz nach Halikarnassos ans Meer, an den Abhang eines steilen Felsens an der Keramischen Meeresbucht. Hier entstand die neue Hauptstadt: ein Palast, eine Festung, eine große

Straße mit Stadttoren wie in Babylon, dazu Theater und Bibliothek, ein Marktplatz mit Arkaden und Versammlungsplätzen, Badehäuser und Wasserkanäle. Und ein geheimer, durch eine Insel geschützter Kriegshafen, der es dem König erlaubte, seine Flotte zu mobilisieren, ohne dass ein feindliches Auge es bemerkte.

Maussolos war begeistert über die Möglichkeit einer theatralischen Inszenierung seiner neuen Stadt: Wie das Zuschauerrund eines antiken Theaters umschloss Halikarnassos die Doppelbucht. Von hier aus würde man die ein- und ausfahrenden Schiffe beobachten können. Wer immer vom Meer her sich der Stadt näherte, müsste vom Glanz der wie Theaterränge terrassenförmig angelegten Stadt überwältigt sein, die Staffelung der neuen Bauten, die herrlichen Paläste und Tempel bewundern müssen. Als grandiose Mitte der neuen Residenzstadt aber sollte eine Säulenhalle im griechischen Stil, ein mit Figuren geschmückter Tempel stehen, der nach Lage, nach Größe und Ausstattung noch in fernsten Zeiten bestaunt werden würde: das Grabmal des Königs. Dabei war die gesamte Stadt eigentlich sein Denkmal, das von seiner großen Verehrung alles Griechischen ebenso zeugte wie der Stilmix, mit dem er unbedenklich mesopotamische, persische und griechische Einflüsse verband.

Die Idee des Grabmals

Trotz – oder wegen – seiner Prinzipien- und Skrupellosigkeit war Maussolos ein überaus talentierter Mann mit hochfliegenden Träumen, von ausschweifender Phantasie und gleichwohl realistischer Einschätzung. Er hätte nie zugegeben, wie begrenzt seine Möglichkeiten als kleiner Provinzfürst waren, trotz seiner Talente, trotz seines Reichtums. Er erkannte die bescheidene Rolle, die er politisch spielen konnte, trotz aller Versuche, sich im wahrsten Sinne des Wortes aufzuspielen, deutlich genug. Und er sah das kurze menschliche Leben, sein Leben als König von Karien, im breiten Strom der Zeit untergehen.

Doch Maussolos wollte dieses unausweichliche Schicksal nicht einfach hinnehmen. Er träumte davon, etwas von ewigem Wert und Bestand zu hinterlassen, etwas, das in der Lage wäre, seinen Namen unsterblich zu machen.

Nachruhm bedeutete den Griechen viel. Sie hatten nicht den christlichen Trost eines ewigen Lebens, das alles Elend des irdischen »Jammertals« überstrahlt. Viele von ihnen sahen sich in das Schattenreich der Toten hinabsinken. So bedeutete Nachruhm dem antiken Menschen ein Stück Unsterblichkeit. Vor den Göttern galt es nicht als Unbescheidenheit, vielmehr als ehrenhaftes Streben, Nachruhm gewinnen zu wollen. Würdig aller edlen Menschen, die sich der menschlichen Vergänglichkeit bewußt sind.

So kam Maussolos auf den Gedanken, der uns heute schicksalsergeben und anmaßend zugleich erscheinen muss: Die größten Künstler seiner Zeit sollten ihm ein Grabmal von unvergleichlicher Kühnheit bauen, das seinen Namen über viele Jahrhunderte hinweg verkünden würde, nicht als Feldherr oder Dichter, sondern als Bauherr und König.

Der Gedanke, dass Maussolos, ein kleiner Dynast im persischen Weltreich, der aber über genug Ehrgeiz und Geld verfügte, großen Vorbildern nachzueifern und sie nach Möglichkeit noch zu übertreffen versuchte, ist wohl nicht abwegig. Vielleicht hat Maussolos an die Pyramiden der ägyptischen Gottkönige gedacht. Er war klug genug, sie nicht einfach zu kopieren, sah sich – vermessen wie er war – jedoch durchaus in der Nachfolge großer architektonischer Ikonen, etwa der überdimensionalen Bauten Nebukadnezars in Babylon und des Grabmals des großen Kyros aus Persien. So übersetzte er orientalische Vorbilder ins Klassisch-Griechische: Das Grabmal sollte die schönsten Tempel der Zeit übertreffen, in der Harmonie der Maße, in der geographischen Lage.

Kleinere Vorbilder zeigen die Grundanlage des Mausoleums: ein Tempel mit einer quadratischen Cella, in deren Außenwänden zahlreiche Reliefs eingelassen waren, umschirmt von schlanken korinthischen Säulen. Über dieser Peristasis eine Dachpyramide, auf deren abschließendem Gesims an den Ecken geflügelte Löwen über das Denkmal wachen. Die Grabkammer an der Südseite des Untergeschosses aus dem Felsen herausgearbeitet, ein Tonnengewölbe mit Wänden aus Marmorquadern.

Diesen großartigen Traum muss Maussolos von Jugend auf gehegt haben, denn als er dem Vater auf den Thron von Karien nachgefolgt war, ließ er bereits die ersten Ideen skizzieren. Die Könige von Karien leiteten sich wie die Pharaonen vom Sonnengott her; sie nannten sich Söhne des Helios. Wie ein Pharao heiratete Maussolos eine seiner Schwestern, seine älteste Schwester Artemisia, die er liebte wie keinen anderen Menschen. Eine Heirat, die vermögenspolitische Vorteile mit sich brachte und unterstrich, dass wirkliche Ebenbürtigkeit bei einem Gott eben nur mit der gleichen göttlichen Herkunft gegeben sein konnte. Doch war diese Geschwisterehe, wie überliefert ist, nicht nur auf Vorteil und Anmaßung gegründet. Vielmehr soll auch Artemisia Maussolos in leidenschaftlicher Liebe verbunden gewesen sein.

EIN MONUMENT GROßER TRÄUME

König Maussolos wollte die ganz große Oper, die imposante Kulisse übermenschlicher Träume, ein Bauwerk von geradezu emotionaler Wucht. Wie ein moderner Bauherr ließ er einen Wettbewerb ausschreiben, der die Künstler des griechischen Kulturkreises aufforderte, Vorschläge und Entwürfe einzureichen. Die Architekten und Bildhauer erfasste eine wahre Euphorie: Ihre Ideen waren gefordert, neue Experimente schienen erwünscht zu sein, Möglichkeiten persönlicher künstlerischer Erfüllung. Die Namen der Gewinner dieses Preisausschreibens sind überliefert: Die Architekten und Bildhauer Satyros und Pytheos wurden als Schöpfer des Gesamtentwurfs ausgezeichnet; sie bekamen den Auftrag. Die beiden haben ein Buch über ihr Bauwerk geschrieben, das jedoch leider verlorengegangen ist. Doch scheinen zahlreiche Einzelheiten aus diesem Buch in die klassische Überlieferung eingegangen zu sein.

Maussolos hat die Fertigstellung seines Grabmals nicht mehr erlebt. Seine Regierung währte vierundzwanzig Jahre, als er kinderlos starb. Nach dem Tod des Königs machte Artemisia Druck auf die beiden griechischen Architekten sowie berühmte Bildhauer, voran den großen Skopas: Das Grabmal nach den Plänen ihres geliebten Bruders und Gemahls sollte unverzüglich fertiggestellt werden.

Doch auch Artemisia blieben nur zwei weitere Jahre, sie starb 351, ehe das Mausoleum eingeweiht war. Die Arbeiten sollen ins Stocken geraten sein. Doch hätten, so berichtet es Plinius, die beteiligten Künstler – neben Skopas vor allem Bryaxis, Timotheus und Leochares, es als Pflicht und Ehre angesehen, ihren Auftrag zu Ende zu führen. Nur ein Jahr später war das Grabmal fertiggestellt, mit Kunstwerken, welche die Welt in Staunen versetzten: Die Skulpturen der Götter, der mythologischen Gestalten und Sieger der olympischen Wettkämpfe wetteiferten in Schönheit und Vollkommenheit mit den Marmorreliefs der Amazonenkämpfe, auf denen das Leben der Antike zum farbigen Spiegelbild der Zeit wurde.

Die Entstehung des glanzvollen Denkmals fiel in eine Zeit kultureller Blüte, eine jener bemerkenswerten Abschnitte der Geschichte, in der sich ungewöhnliche Begabungen häufen. Die Konkurrenz der Künstler hat das Bauwerk belebt, die Großzügigkeit des Königs, dem das Beste gerade gut genug schien, die größten lebenden Künstler des griechischen Kulturkreises inspiriert. Der Gesamtentwurf war in besonderer Weise geglückt zu nennen: Er verwirklichte als Ganzes die Bauidee und ließ darüber hinaus – wie Jahrhunderte später beim Petersdom – den ausgewählten Künstlern genügend viel Freiheit für ihre kreativen und inspirierenden Ideen. Sie konnten sich miteinander messen, ohne sich deshalb im Wege zu stehen.

Das Mausoleum war von ungeheurer Symbolkraft: Der Herr und Herrscher ist über dem Widerstreit von Chaos und Kosmos, von Wirrnis und Ordnung, von Kultur und Natur, dargestellt auf den umlaufenden Friesen, ohne Freitreppe oder Aufgang in unmittelbarer Nähe des Himmels beigesetzt. Der zu den Göttern erhobene, über Land und Meer Thronende ist den Menschen und der Erde entrückt, für immer unerreichbar, so wie sein Ruhm, wenn sein Körper längst zu Staub zerfallen ist.

Das Volk von Halikarnassos, bei dem der Herrscher nie beliebt gewesen war, verlor jedoch das Interesse an diesem Monumentalbau. Und es wirkt wie eine Ironie der Geschichte, dass achtzehn Jahre später Alexander der Große auf seinem Feldzug nach Asien zwar Halikarnassos von der persischen Herrschaft befreite, die Stadt in einem erbitterten Kampf nahezu zerstört wurde, ausgerechnet das Grabmal jedoch unbeschädigt blieb. Es gibt sogar Vermutungen, das Mausoleum sei noch gar nicht ganz fertig gewesen, sondern erst Alexander habe seine Fertigstellung veranlasst.

DIE BAUKONZEPTION

Das Grabmal wurde wiederholt beschrieben, unter anderem von Plinius in seiner »Naturalis Historia«. Dieser römische Flottenkommandeur unter Kaiser Vespa-

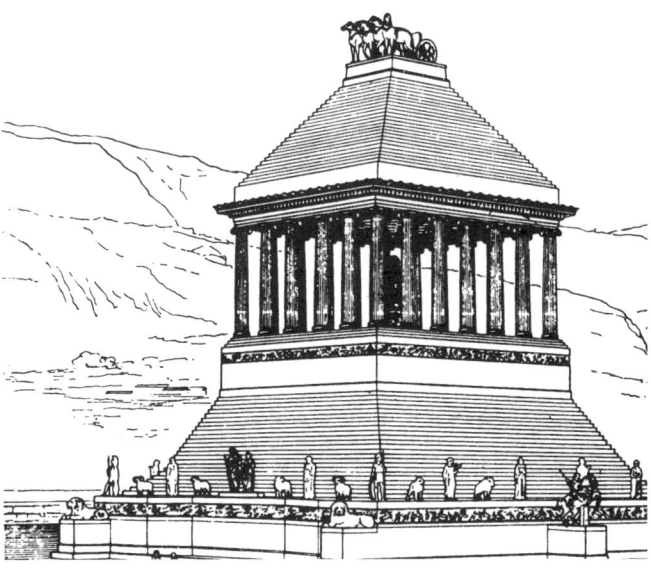

Bildhaft-phantasievolle Darstellung des Mausoleums.
(Kupferstich von Marten van Heemskerck)

sian und enzyklopädische Schriftsteller, der sein Wissen
aus eigener Anschauung und aus zweitausend Büchern
anderer Autoren geschöpft hat, zeichnete präzise Maße
auf:»Das Mausoleum mißt südnördlich je sechsunddreißig Fuß, ist an den Fronten etwas kürzer und wird im
ganzen Umfang mit vierhundertelf Fuß gemessen. Es erhebt sich zu einer Höhe von fünfundzwanzig Ellen und
ist mit einem Umgang von sechsunddreißig Säulen umgeben, über dem sich eine vierundzwanzigstufige Pyramide erhebt, die ein Viergespann aus Marmor krönt.«
   Übersetzen wir diese antiken Maßangaben in heutige
Proportionen, lässt sich dieser erste zweigeschossige
Monumentalbau der griechischen Baukunst, der in einer Gesamthöhe von fünfunddreißig Meter präsentierte,
mit ziemlicher Präzision rekonstruieren: Das Fundament, in den Felsgrund eingebettet, stellte ein Rechteck

von 32,94 Metern in der Breite und 38,75 Metern in der Länge dar. Darauf stand ein Grundbau mit sechs Stufen, über dem sich ein recht hoher Bauteil, der eigentliche Unterbau, erhob, der zwei übereinanderstehenden, je 117 Meter langen Friesen Raum gab, während ein dritter Fries die Wände der Cella nach oben hin abschloss. Auf dem Unterbau waren sechsunddreißig ionische Säulen so angeordnet, dass auf den Schmalseiten je neun und auf den Längsseiten je elf Säulen standen. Sie umkränzten die Cella, die vermutlich von steinernen Löwen, die zwischen den Säulen standen, bewacht wurde.

Auf den Säulen und den sie bekrönenden Architraven lag die vierundzwanzigstufige Dachpyramide (für jedes Regierungsjahr Maussolos' eine Stufe!) mit den in regelmäßigen Abständen angebrachten löwenköpfigen Wasserspeiern. Das Dach lief jedoch nicht in einer Spitze zusammen, sondern gipfelte – neun Meter hoch über dem Steingebälk – in einer Plattform, auf die eine fünf Meter hohe Quadriga aus Marmor gestellt wurde: bestehend aus vier lebensgroßen Pferden, dem Wagen und zwei darin stehenden Figuren – Maussolos und Artemisia. Als Sohn des Helios fährt der König im Sonnenwagen zum Himmel auf. Der Geschichtsschreiber Plinius schreibt dieses Werk dem Bildhauer Bryaxis zu.

Der Aufbau des Tempels war nach dem Gesetz des Goldenen Schnittes gegliedert, und die einzelnen Teile waren nach den gültigen Zahlen dieses Gesetzes ineinander verflochten.

Wie bereits erwähnt und wie einzelne Fundstücke zeigen, waren an den marmornen Reliefs, die Tempelsockel und Dachgebälk umgaben, bewegte Szenen ausgemeißelt: der Kampf mit Amazonen und Zentauren, Wettstreit und Wagenrennen. Der große Praxiteles soll auch hier, wie in Ephesos, mitgewirkt haben (man hat ihm die Südseite zugeschrieben). Pytheos, der auch am Gesamtentwurf beteiligt war, wird als Künstler der Quadriga genannt.

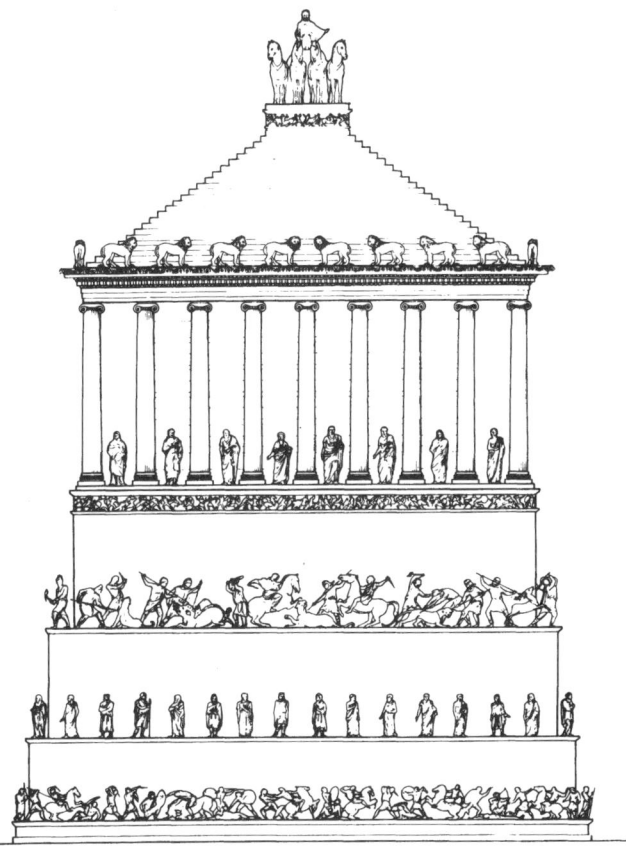

Das Mausoleum mit seinem dreistufigen Aufbau.
(Rekonstruktion von H. W. Law)

Wie der Grabtempel innen ausgestattet war, darüber ist zuverlässig nichts berichtet. Wahrscheinlich stand der prunkvolle Sarg, umgeben von kostbaren Plastiken, wie üblich in der Mitte der Cella.

113

Die Bewunderer

Alten Berichten zufolge soll der Gedächtnis-Tempel des Maussolos einen traumhaft leichten Eindruck gemacht haben – er sei über dem hohen massigen Sockel »geschwebt« – ein Eindruck, der sicherlich von der immensen Höhe, in welcher der Grabtempel stand, hervorgerufen wurde. Auch Cicero hat das Grabmal in Halikarnassos als »erhaben« bezeichnet. In Lukians »Totengesprächen« heißt es darüber: »Kein anderes kommt ihm gleich, weder an Größe noch an Schönheit. Es prangt mit den vollendetsten Kunstwerken, den Bildern von Mensch und Pferden aus schönstem Marmor.«

Bewunderer der Größe und Schönheit dieses Bauwerks gab es also genug. Diogenes Laertius überlieferte uns, mit welchem Enthusiasmus auch Anaxagoras, der zur Zeit des Perikles lebte, das Grabmal betrachtet habe. Anaxagoras hatte aus Athen fliehen müssen – er hatte behauptet, die Sonne sei ein Feuerball, größer als der Peloponnes, die südliche Halbinsel Griechenlands. Das war für die Zeitgenossen so unvorstellbar, dass es ihnen wie eine Verhöhnung der Götter und des gesunden Menschenverstands erschien. Anaxagoras jedenfalls, ein Mann von überragendem Vorstellungsvermögen, soll lange vor dem Tempel des Maussolos gestanden und darüber meditiert haben, was ein Grabmal im Fluss der Zeit bedeuten könne. Eustathios von Thessaloniki schließlich, der den Tempel im 12. Jahrhundert noch gesehen haben will, reichte ein einziger Satz: »Es war und es ist ein Wunder.«

Das Ende des Mausoleums

Nach der Eroberung durch Alexander hatte Halikarnassos noch manchen Angriff zu überstehen, wurde die Stadt mehrfach dem Erdboden gleichgemacht und wieder aufgebaut. Als römische Provinz fiel auf die Stadt noch ein letzter Glanz. Das Mausoleum blieb von allen Wirren völlig unberührt und stand wie ein erratisches Denkmal, ein Relikt, das an Kariens glanzvollste Zeit erinnerte, hoch über der Stadt. Noch im 12. Jahrhundert n. Chr. soll es – wie soeben gesagt – noch unversehrt bestanden haben. Wann der Verfall einsetzte, lässt sich nicht bestimmen. Wahrscheinlich hat ein Erdbeben zuerst den oberen Teil des Monuments zum Einsturz gebracht. Vom 13. Jahrhundert an ist Halikarnassos mehrmals durch Erdbeben erschüttert worden.

Der Franzose Claude Guichard berichtet 1581, dass die Ritter des Johanniterordens »eines der Sieben Weltwunder zerstörten, das alle Barbarenstürme überdauert hatte«. Die Johanniter, Verteidiger des Heiligen Landes und Kämpfer gegen die Türken, waren vor ihren Gegnern nach Rhodos geflüchtet, um von hier aus mit einer mächtigen Flotte ihren Kampf gegen die Ungläubigen fortzusetzen. Vor der erdrückenden Übermacht der Türken hatte der Ritterorden auch die undankbare Aufgabe, als Nachhut den Rückzug zu decken, so lange als möglich zu halten, was irgendwie zu halten war. Im Jahre 1402 nahmen sie Halikarnassos als strategisch wertvollen Flottenstützpunkt in Besitz und errichteten an der Einfahrt zum Hafen ein Kastell. Die Johanniter sind, wie man auch auf Rhodos feststellen kann, beim Bau ihrer Befestigungen nicht wählerisch gewesen. Zahlreiche antike Tempel wurden nach und nach demoliert und als Steinbrüche genutzt. Auch die herumliegenden Trümmer des Mausoleums verwendeten die

Ritter zum Bau: Sie bauten die Hafenfestung Petronia, das heutige Fort Budrun, immer weiter aus, nicht zuletzt mit den Steinen des einstigen Weltwunders. Sie rissen nieder, was niederzureißen war, und schleppten weg, was sie wegschleppen konnten. Die Ritter schichteten die kostbaren Quader zur Verteidigung auf, verstärkten ihre Bastionen, besserten strategisch wichtige Mauern damit aus. Aus den gestürzten Säulen drehten die Tempelritter Steinkugeln für die Schleuderanlage der Wälle. Die zugerichteten Steine bauten sie in die Mauern der Hafenfestung ein.

Siebzig Jahre, nachdem die Johanniter Halikarnassos für ihre Zwecke umgebaut hatten, war auch das Mausoleum nur noch Ruine. Die weltberühmten Skulpturen waren zu Kalk gebrannt, die Säulenreste abgetragen, die Marmorreliefs herausgebrochen und die reich verzierten Wände zerstört und abgetragen.

WIEDERENTDECKUNGEN

Als Johann Fischer von Erlach in seinem »Entwurf einer historischen Architektur« das Mausoleum darstellte, konnte er sich nur noch an die antike Überlieferung halten. Es waren kümmerliche Reste vom einstigen Monumentalbau übriggeblieben: Das einzige, was die Ordensritter nicht zerstört hatten, waren dreizehn Reliefplatten mit Darstellungen kämpfender Amazonen – der sogenannte Amazonenfries –, die sie in die Mauern des Kastells eingebaut hatten. Aus welchen Gründen sie es unzerstört ließen, ist unklar.

Mitte des 17. Jahrhunderts wußte jedenfalls niemand mehr, woher diese Platten stammten. Schließlich setzte sich die Ansicht durch, dass die Reliefs zum Außenfries des Mausoleums gehört haben mussten. Beschreibungen und grafische Zeichnungen erschienen, und gegen Mitte des 19. Jahrhunderts wurde in Europa, vor allem im von der Antike begeisterten England der Wunsch, diese einmaligen Kunstwerke vor dem Verfall zu retten, so stark, dass der britische Gesandte in Konstantinopel, Stratford Canning, dem Sultan den Wunsch vortrug, er möge die Erlaubnis erteilen, die Reliefs aus dem Kastell entfernen zu können. Der Sultan entsprach diesem Wunsch und machte die Skulpturen dem Museum in London zum Geschenk, wo sie heute noch zu besichtigen sind.

Das Rätsel über Standort, Grundriss und Form des Mausoleums war damit allerdings noch nicht geklärt. Als der englische Forscher Sir Charles Newton 1853 eine erste Reise nach Halikarnassos unternahm, begann eine neue Phase in der Erforschung dieses Weltwunders. Newton entdeckte an den Kastellmauern Löwenköpfe, deren Material und künstlerische Vollendung keinen Zweifel darüber ließen, dass sie vom Mausoleum stammten. Diese Funde veranlassten die britische Regierung, eine archäologische Expedition auszurüsten und nach Halikarnassos zu entsenden.

Die genauen Angaben des römischen Baumeisters Vitruv, dem nicht nur Caesar und Augustus große Aufträge erteilt hatten, sondern der auch Bücher über die Grundlagen und die Geschichte der antiken Baukunst schrieb, ermöglichten die Auffindung der Fundamente, auf der das Mausoleum stand: Zwischen Agora und Arestempel konnten die Forscher schließlich seinen Standpunkt fixieren.

Die Fundstücke setzten die Welt in Erstaunen. Vor allem die Figur des Maussolos selbst, die man aus dreiundsechzig Bruchstücken wieder zusammensetzen konnte, und die seiner Schwester und Gemahlin. Außerdem Löwen – die einstigen Wächter des Heiligtums – und Tierköpfe, Säulenreste und eine ganze erhaltene Säule, Fragmente eines Pferdes, ein riesiges steinernes Wagenrad sowie verschiedene Männerköpfe aus Stein.

Diese Skulpturen und Architekturstücke stammen wohl ausnahmslos vom oberen Aufbau des Mausoleums.

Sie müssen durch ein Erdbeben heruntergeschleudert worden, im Erdboden verschwunden und deshalb den bauwütigen Ordensrittern entgangen sein. Außerdem fand man noch eine Alabastervase, deren Inschrift auf persisch, babylonisch und ägyptisch den Namen Xerxes, des Großkönigs von Persien, trägt.

Auch die Rekonstruktion durch den deutschen Archäologen Fritz Krischen in den zwanziger Jahren des vergangenen Jahrhunderts bestätigte die überlieferten Größenverhältnisse. Krischen errechnete eine Gesamthöhe von neunundvierzig Metern, übereinstimmend mit den einhundertvierzig ionischen Fuß, die Plinius dafür angegeben hatte. Dieser Rekonstruktion zufolge erhob sich aus der in den Felsen gemeißelten vierzig mal dreiunddreißig Meter großen Grube zunächst ein stufenförmiger Basisbau. Auf diesem Stufenblock war ein mächtiger Prismenklotz aufgemauert. Der eigentliche Grabtempel thronte zweiundzwanzig Meter hoch über dem Felsgrund – von unten her gesehen fast schon in den Wolken.

Es war Pausanias, der betonte, die Römer hätten das Grabmal des Maussolos so sehr bestaunt, dass sie von da an alle großen Grabmäler Mausoleen nannten. Noch heute wird ein monumentales Denkmal über einer Gruft als Mausoleum bezeichnet. So lebt Maussolos durch seine Idee fort: Obwohl dieses Weltwunder schon längst untergegangen ist, bleibt es doch als Name und Begriff existent. In London können die archäologischen Funde besichtigt werden, in Halikarnassos selbst sind heute nur noch die Felsspuren der Fundamente zu erkennen.

Kupferstich von Johann Fischer von Erlach

SECHSTES KAPITEL

DER KOLOSS VON RHODOS

Neben dem ältesten Weltwunder, der 4 500 Jahre alten Großen Pyramide Ägyptens, hat wohl kein anderes antikes Werk die Phantasie der Menschen so sehr beschäftigt wie der Koloss von Rhodos.

Dass die Pyramiden, in wenigen Flugstunden erreichbar, inzwischen zum Symbol des Tourismus geworden sind, hat ihren Nimbus nicht geschmälert. Trotz der unzähligen Bilder, die man gesehen hat, ist die Wirklichkeit überwältigend. Außerdem hat die Flut der Mutmaßungen und Theorien nicht aufgehört: um die Bedeutung der Pyramidenmaße, um Geheimnisse, die sich vielleicht immer noch unentdeckt im Innern eingeschlossen finden könnten, um den hartnäckig behaupteten, wenn auch längst widerlegten »Fluch« des Pharao.

Auch über den Koloss von Rhodos kursierten jahrhundertelang die verschiedensten Meinungen und Ansichten, die sich nicht selten widersprachen und einer wissenschaftlichen Überprüfung meist nicht standhielten. Eigentlich gibt es nur Rätsel über ihn, so dass man fest vermuten könnte, es habe ihn nie gegeben. Genaueres weiß man weder über sein Aussehen noch über die Technik seiner Entstehung, selbst über sein Ende lässt sich kein Einvernehmen unter den Gelehrten feststellen. Er verschwand eines Tages und hinterließ der Nachwelt nicht die geringste Spur.

So ist das Bild des Koloss heute so verschwommen, als würde man direkt in die Sonne schauen. Und tatsächlich war es der Sonnengott selbst, der über diesem kolossalen Standbild und der Stadt, deren Eingang es krönte, Wache hielt.

Der Mythos des Helios

Der Koloss war ein Gott – es war Helios, den das Weltwunder darstellte. Rhodos, die rund zwanzig Kilometer von der türkischen Küste entfernte Insel, verdankte ihr Dasein einem verspäteten Schöpfungsakt: Zeus hatte die Erde an die Götter aufgeteilt; der Sonnengott war dabei leer ausgegangen. Helios, der Gott des Lichtes, welcher alles, was auf der Erde geschah, sah und sein strahlendes Gespann jeden Tag über den Himmel lenkte, war wie immer unterwegs gewesen, und so hatte man ihn schlichtweg übersehen. Er beschwerte sich bei Zeus und verlangte entschädigt zu werden. Aus großer Höhe, so erklärte er Zeus, habe er tief unter dem Wasser die Umrisse einer herrlichen Insel liegen gesehen. Wenn Zeus sie an die Meeresoberfläche heraufholen und ihm zuteilen wolle, würde er, Helios, sich damit zufriedengeben. Zeus erfüllte ihm den Wunsch, und Helios übernahm die aus den Fluten des Meeres geborgene Insel als Eigentum. So erzählt es Pindar, der mythengläubige Dichter.

Der Mythos berichtet auch, dass mit der Insel das Volk der Telchinen aus der Tiefe des Meeres aufgestiegen war, Metallurgen und Zauberer, die mit ihren magischen Künsten die Götter narrten, bis Apollon sie mit seinen Pfeilen bestrafte.

Helios, der Jüngling mit »strahlenden Augen und goldgelocktem Haar«, Bruder der Mondgöttin und der Morgenröte, ergriff begeistert von der Insel Besitz. Von nun an ruhte sein wachsames Auge vor allem auf Rhodos, das nun zu »seiner« Stadt geworden war. Jeden Morgen stieg er in seinem Wagen, der von vier feurigen Rossen gezogen wurde, im Osten über Kolchis auf, umkreiste die Himmelskuppel in regelmäßiger Fahrt, tauchte abends im fernen Westen in den Okeanos unter und fuhr nachts nach Osten zurück. Und immer zog er auch über Rhodos hinweg.

Mit Rhode, einer Tochter des Okeanos aus dem Geschlecht der Najaden, feierte Helios auf der Insel bei den Quellen Vermählung. Es war diese scheue Nymphe, die der Insel ihren Namen gab. Sie gebar Helios sieben Söhne, und einer dieser sieben hatte wiederum drei Söhne: Ialysos, Kameiros und Lindos – sie begründeten Städte dieses Namens.

Später erst erkannte man, dass an der nördlichsten Spitze der Insel der ideale Ort für eine Hafenstadt war: Sie wurde dem Schutz des Sonnengottes unterstellt. Unter dem Schutz des Helios wurden die Rhodier durch Handel und Schifffahrt reich. An die hundert Bildsäulen sollen ihm in Rhodos, das innerhalb von drei Generationen zur wohlhabenden, ja luxuriösen Stadt aufblühte, errichtet gewesen sein. Und die kolossalste Statue war der Koloss, der Helios darstellte.

Rhodos, die Stadt am Meer

Soweit der Gründungsmythos von Rhodos. Historisch gesehen, hatte Dorieus, der Sohn und Nachfolger von Diagoras – der politische Führer von Rhodos im 5. Jahrhundert v. Chr. und einer der größten hellenischen Athleten –, die Stadt am nordöstlichen Ende der Insel um einen neuen Hafen herum gegründet. Ihm gelang es, Macht und Reichtum der Insel gegen den Ansturm feindlicher Mächte zu verteidigen.

Auf der höchsten Erhebung der Insel wurde Zeus ein Tempel errichtet, aber auch sein Sohn Apollon wurde geehrt. Die fünfundsiebzig Jahre nach der Gründung waren – bis zur Weltherrschaft Alexanders – jedoch durch die Kämpfe zwischen Athen und Sparta, die Schlachten zwischen Griechen und Persern und die Bürgerkriege zwischen den aristokratischen Familien und der Mehrheit des Volkes von Rhodos bestimmt. Als Rhodos unter makedonische Besatzung geriet, verlor es seine Unabhängigkeit, und erst nach Alexanders Tod im Jahr 323 v. Chr. wurde die Freiheit im Zeichen von Helios wiederhergestellt, gelang die Insel in den folgenden Jahren zu ihrer höchsten Macht.

Der Hafen der Stadt wurde der wichtigste Umschlagplatz für Bauholz, Getreide, Teer, Hanf, Wollwaren und Sklaven. Die hellenische Welt – ein Werk des Feldherrn und Politikers Alexander – wurde zu einem einzigen, riesigen Markt, beherrscht von griechischen Kaufleuten, Philosophen, Architekten. Das Geld der großen Handelsmächte bestimmte die Preise, und Kredit- und Bankgeschäfte gewannen wachsenden Einfluss auf die Politik.

Doch der Koloss wäre vermutlich nie entstanden, hätte es nicht die berühmt-berüchtigte Belagerung der Stadt gegeben, die Rhodos an den Rand der Katastrophe führte.

Nach dem Tod Alexanders zerstritten sich seine Generäle und teilten die Macht und das Weltreich unter sich auf. Einer der fähigsten Feldherren Alexanders, Antigonos, riss den größten Teil des asiatischen Reiches an sich und beherrschte es von Phrygien aus. Doch Machtgier ließ ihn übermütig werden: Er wollte alles – auch die vorgelagerte Insel Rhodos, eine der größten Seemächte.

Wachsender Wohlstand rief im Jahr 305 v. Chr. diesen kleinasiatischen Diadochen auf den Plan. Zunächst versuchte Antigonos die Rhodier zu überreden, mit ihm gemeinsam gegen den ägyptischen König Ptolemaios zu ziehen, seinen früheren Gefährten an der Seite Alexanders. Doch Rhodos wollte seine ausgezeichneten Handelsbeziehungen mit Alexandria nicht gefährden und lehnte ab. Es war mit der strikten, jahrhundertelang erprobten Neutralität gut gefahren und sah keinen Anlass, sich nun in fremde Streitigkeiten hineinziehen zu lassen.

Der Widerstand, der Antigonos von diesen stolzen Kauf- und Seeleuten entgegenschlug, machte ihn blind gegen die mächtige Flotte der Rhodier und die exponierte Stellung, die ihnen der wohl am besten geschützte Hafen im Mittelmeer bot. Also schickte er seinen Sohn Demetrios vor, dem ein wenig schmeichelhafter Name gegeben worden war: Poliorketes, Städtezertrümmerer. Dieser weithin gefürchtete Eroberer hatte bereits Athen und Zypern geplündert. Und er verfügte über eine Spezialwaffe, eine Erfindung, die Angst und Schrecken verbreitete: von ihm selbst konstruierte Belagerungsmaschinen, die er auf seine schweren Schiffe montieren ließ.

Wie so viele andere auch, ließ Demetrios sich von seinen überspannten Träumen leiten. Sein großes Vorbild war Alexander, dessen Erbe er anzutreten gedachte.

Als er nun mit einer gewaltigen Kriegsflotte drohend auf den Hafen von Rhodos zusteuerte, befürchtete das Inselreich eine Katastrophe. Die erschreckten Bewohner von Rhodos besetzten die Mauern der Stadt, wappneten sich mit dem Mut der Verzweiflung.

Demetrios hatte einen scheinbar perfekten Plan im Gepäck: zuerst die Hafeneinfahrt einnehmen und dann einen Landesstützpunkt schaffen. Und von dort aus die Stadt erstürmen. Eine Taktik, welche die alliierten Streitkräfte im Zweiten Weltkrieg an der französischen Küste wiederholten.

Nach der Landung abseits vom Hafen, brachte Demetrios vor der Stadtmauer die Wurfmaschinen zum Einsatz, die in der Lage waren, Steine bis zu sechshundert Pfund Gewicht über eine Entfernung von fünfhundert Metern zu schleudern. Doch obwohl die Mauer stark beschädigt wurde, gelang es keinem der Angreifer, sie zu erklettern und ins Innere der Stadt vorzudringen. Zu stark und zu sicher war die Befestigung, welche die Rhodier zur Verstärkung ihrer Stadtmauer angebracht hatten.

Rhodos rüstete auf, versprach Sklaven die bürgerlichen Rechte im Falle eines Sieges, wenn sie bereit waren, sich an der Verteidigung zu beteiligen. Alle Bürger wurden mit Waffen ausgerüstet, so dass Demetrios von einer stattlichen Verteidigung empfangen wurde, mit der er nicht gerechnet hatte. Die zwar zahlenmäßig unterlegene, aber doch wendige rhodische Flotte zwang den Feind zum einstweiligen Rückzug. Die Belagerung zog sich in die Länge; Demetrios kam keinen Schritt voran.

Viel Zeit hatte Rhodos nicht zu verlieren. Der Proviant wurde knapp, der Hunger trieb die Eingeschlossenen dazu, ihre eigenen Katzen in den Kochtopf zu werfen. Doch der Widerstand blieb ungebrochen. Mit der Zeit wurde den Belagerern klar, dass die Eroberung mit dieser Blockade nicht durchführbar war. Die rhodische Flotte schien unberechenbar, immer wieder startete sie Überraschungsangriffe, bei denen es ihr gelang, zahlreiche Schiffe der Feinde zu beschädigen. Den Truppen gelang es sogar, einige der gefürchteten Wurfmaschinen in Brand zu stecken.

Demetrios spielte auf Zeit. Er hatte noch eine Waffe, die das gewünschte Ziel erzwingen musste. Zunächst zog er sich mit seinen Truppen weit zurück und ließ unter eigener Regie die größte aller Belagerungsmaschinen bauen, welche die damalige Welt kannte: den sogenannten Helepolis – ein gigantischer, beweglicher Turm aus Eichenholz, auf Rädern transportierbar, schlagkräftig und allein durch sein Erscheinen bereits Schrecken und Entsetzen verbreitend. Dieses Bravourstück an technisch raffinierten Einfällen ist von verschiedenen antiken Historikern beschrieben worden: Neun Stockwerke war es hoch, ausgerüstet mit Rammböcken und Katapulten; es benötigte einige hundert, vielleicht sogar tausend Mann Bedienung. Ein ganzes Heer von Bogenschützen konnte sich im obersten Teil verschanzen, der die Stadtmauer hoch überragte. Zugbrücken sollten den Belagerungstruppen den Zugang zur befestigten Mauer ermöglichen.

Wahrscheinlich war es dieser Augenblick, als die Rhodier das Ungetüm erblickten, dass sie auf die Knie fielen und Helios, den Gott und Beschützer ihrer Insel, um Beistand anflehten, sie vor dem Untergang zu bewahren und die Belagerung zu überleben. Sie gelobten, ihm ein Standbild, das alle anderen in den Schatten stellen würde, zu errichten. Ein Denkmal, wie es die Welt noch nicht gesehen hatte.

Es war der Mut der Verzweiflung, der die Rhodier zu dem gewaltigsten Kampf ihrer Geschichte trieb. Ein schreckliches Gemetzel auf beiden Seiten. Die Stadtmauern erzitterten unter schwerem Beschuß, ein Wachtturm wurde zerstört, doch die Verteidigung hielt stand. Die Nacht brachte die ersehnte Feuerpause. Die Verwundeten wurden behandelt, Hunger und Durst gestillt, die Rüstungen und Verteidigungsanlagen repariert, so gut es ging.

Der nächste Tag musste die Entscheidung bringen. Es wurde ein zäher, harter, gnadenloser Kampf, Mann gegen Mann. Ein aussichtsloser Kampf gegen eine übermächtige Kriegsmaschine. Meter um Meter verloren die Rhodier an Boden, und es war nur noch eine Frage der Zeit, bis der Helepolis vor der Stadtmauer stand und die feindlichen Truppen die Stadt erobern konnten.

Es war eine List, so wird erzählt, welche die Stadt rettete. Der Stadtbaumeister hatte die Idee, die Kloaken der Stadt in den Weg der Kriegsmaschine umzuleiten. Die Räder des tonnenschweren Helepolis versanken buchstäblich im Morast. Und dann wurde er von den Rhodiern sturmreif geschossen.

Demetrios musste sich geschlagen geben. Sehr siegessicher war er angerückt, desillusioniert und geschlagen musste er die Belagerung abbrechen und zahlreiche Tote und die kostbaren Kriegsmaschinen zurücklassen.

Der Schrecken dieses Krieges war so tief, dass beide Parteien in einen Waffenstillstand und anschließende Friedensverhandlungen einwilligten. Ein Vertrag wurde

geschlossen, der sie zu Verbündeten gegen alle Feinde
machten, ausgenommen König Ptolemaios von Ägypten, der Rhodos während der gesamten Belagerung mit
Lebensmitteln versorgt und Söldnertruppen zur Unter-
stützung geschickt hatte. Rhodos größter Triumph blieb
die Unabhängigkeit – und Helios war ihr Garant.

Die Rhodier verkauften das Kriegsmaterial mit Ge-
winn – der Erlös soll dreihundert Talente Silber (umgerechnet rund vierhunderttausend Euro) betragen haben – und lösten zusammen mit den Spenden, die der
allgemeinen Erleichterung folgten, das Versprechen, das
sie Helios gegeben hatten, großzügig ein.

DER ERBAUER

Zunächst hatten sie daran gedacht, den berühmten
Lysippos, der schon Bildhauer bei Alexander dem Großen gewesen war, mit dem Werk zu beauftragen. Doch
Lysippos war trotz seiner Fähigkeit und Erfahrung schon
aufgrund seines fortgeschrittenen Alters zu einem solchen Monumentalwerk kaum mehr in der Lage. So fiel
die Wahl auf einen Sohn der Stadt, Chares von Lindos,
einen seiner jungen und talentierten Schüler. So strittig
die meisten Fragen bezüglich des Koloss sind – über den
Erbauer besteht weitgehend Einigkeit.

Ein solcher Auftrag weckt in jedem jungen Künstler
den brennenden Wunsch, sich ein unsterbliches Monument zu setzen. Doch der Stadtrat von Rhodos, überwältigt von der Idee, die erlittene übergroße Bedrohung
in einem übergroßen Denkmal zu spiegeln, verpflich-
tete Chares auf eine erhebliche Steigerung der Höhe
des Koloss. Zwölf Jahre seines Lebens arbeitete Chares
nach dem Willen seiner Auftraggeber, die alle am Glanz
dieses großen Werkes teilhaben wollten.

DER STANDORT DES KOLOSS

Doch man weiß bis heute nichts Genaues über den Standort. Auch die antiken Quellen berichten nichts darüber, wo die Kolossalstatue sich befand. Manche Forscher haben als Standort einen erhöhten freien Platz mitten im Zentrum der antiken Stadt angenommen, ohne allerdings einen Beweis dafür erbringen zu können. Wahrscheinlich stand die mehr als dreißig Meter hohe Statue an einem Ort, wo sie von einfahrenden Schiffen schon von weither gesehen und als Orientierungspunkt dienen konnte. Vielleicht dort, wo sich heute das Fort San Nicolas befindet, die am weitesten vorgeschobene Bastion der Befestigungswerke, welche die Kreuzritter vom Orden der Johanniter im Kampf gegen die Türken errichtet haben. In diesem Fort sind zahlreiche antike Überreste verbaut worden.

PHANTASIE UND WIRKLICHKEIT

Der Barockbaumeister Johann Fischer von Erlach hielt 1725 in einem Kupferstich die seit der Renaissance dominierende Vorstellung über Form und Standort des Koloss fest: Helios mit gespreizten Beinen, eine Fackel empor streckend, über der Hafeneinfahrt stehend, so dass die Schiffe mit vollen Segeln unter ihm durchfahren und in das schützende Hafenbecken gelangen können. Das hat, so weit bisher bekannt, als erster 1481/1496 ein Belgier namens Guillaume Caorsin in seiner »Historia von Rhodos« behauptet. Der Koloss habe »die bein wyth von einander uffgethon und ussgestrecket, also das kain schiff groß oder klein mocht in die port kommen anders dan zwischen den beinen.« André Thevet hat dann rund fünfzig Jahre später in seiner »Cosmographie de Levant«

128

den Koloss so gezeichnet, und dieses Bild des spreizbeinigen Riesen über der Hafeneinfahrt war so eindrucksvoll, dass später kein Künstler mehr von dieser Vorstellung loskommen wollte oder konnte.

Der eine Fuß hätte also auf einer Plattform auf der linken Spitze der Mole, der andere auf der gegenüberliegenden rechten Mole aufgesetzt sein müssen. Es mag enttäuschend sein, doch der Koloss konnte keineswegs in dieser herausfordernden Pose breitbeinig über der Hafeneinfahrt von Rhodos stehen. Es war eine reizvolle, durchaus symbolträchtige Vorstellung, aber kaum mehr als eine Phantasie, die der Wirklichkeit nicht standzuhalten vermag. Die in den antiken Quellen übereinstimmend mit zwischen dreißig und sechsunddreißig Metern angegebene Gesamthöhe der Statue lässt es höchst zweifelhaft erscheinen, dass Schiffe unter ihm hätten durchfahren können – dafür hätte der Koloss noch erheblich größer sein müssen. Auch statische Gründe schließen den malerischen Standort am Hafen aus – hier hätte der Koloss nicht dem geringsten Windstoß standhalten können, geschweige denn den Winterstürmen im Mittelmeer.

Der Riese über der Hafeneinfahrt – eine technische Unmöglichkeit also und für das ästhetische Empfinden der Griechen wohl auch eine inakzeptable Vorstellung. Außerdem sind die Abstände zwischen den Enden der moleartigen Landzungen, welche den natürlichen Hafen von Rhodos umschließen, dafür einfach zu groß. Beim nördlichen Hafen, dem heutigen Porto di Mandracchio, beträgt die Entfernung etwa zweihundert Meter, beim Südhafen, dem Porto di Commercio, dreihundert Meter.

DIE ERRICHTUNG

Chares erledigte seine Aufgabe auf überzeugende Weise. Um ihm die beste Aussicht zu geben, stand der Koloss vermutlich auf einem Sockel von etwa sechs bis sieben Metern Höhe. Da es zu jener Zeit weder Flaschenzüge noch andere Hebewerke gab, musste – wie auch aus der Mitteilung des Philon von Byzanz hervorgeht – rings um den Koloss ein Berg aufgeschüttet werden. Zwei gewaltige Eisenträger wurden aufgestellt und mit einem Querträger verbunden, um sie herum eine Lehmform gebaut. Auf einer serpentinenförmig verlaufenden Rampe wurde – wie beim Pyramidenbau – das für die Statue nötige Material transportiert, und der Berg nahm so stetig zu, je weiter die Figur in die Höhe wuchs. Chares entwickelte eine neue Methode: Auf die Lehmform könnte er – so wird angenommen – die Bronze, die dem Koloss Glanz gab, in einer dünnen Schicht aufgehämmert haben.

Stets fürchtete er um die Standfestigkeit seines Kolosses, suchte er das Innere zu stabilisieren: Siebeneinhalb Tonnen Eisen sollen zusammen mit Felsen, Steinen und Steinchen in den Koloss hineingestopft worden sein, in Kopf, Arme und Beine, in den Rumpf, in jede Spalte und jede Ritze.

Zwölf Jahre soll die Bauzeit betragen haben. Jährlich wuchs also der Koloss im Durchschnitt um 3,6 Meter. Nimmt man für den Beginn der Arbeit die Beendigung der Belagerung durch Demetrios Poliorketes an, so muss der Koloss um das Jahr 290 v. Chr. fertig gewesen sein. Stolz signierte der Erzgießer sein Bronzestandbild: »Wie den Koloss du siehst, in achtzig Ellen Höhe, erschuf ihn Chares einst, der geborene Lindier.«

Achtzig Ellen also, das sind fünfunddreißig Meter. Eine gewaltige Höhe für eine nicht aus Stein geformte Figur. Zum Vergleich: Die Freiheitsstatue vor dem New

Yorker Hafen, die dem Koloss von Rhodos nachempfunden wurde, misst sechsundvierzig Meter. Die überlieferte Höhe stimmt auch mit den Maßen überein, die für einen konkurrierenden Koloss angegeben sind, den Kaiser Nero in Rom errichten ließ; er wollte das rhodische Weltwunder damit übertrumpfen. Die römische Statue war etwas über fünfunddreißig Meter hoch und stand auf einem elf Meter hohen Marmorsockel. Dieser Konkurrenz-Koloss Neros ist übrigens ein weiteres Indiz, dass der rhodische Helios nicht über der Hafeneinfahrt gestanden hat: Er wurde nämlich nicht über der Einfahrt zum Hafen Roms, in Ostia, sondern in der Stadt selbst aufgestellt.

Spekulationen über das Aussehen

Das Wahrzeichen von Rhodos, das Weltwunder war perfekt.

Doch seine Gestalt, seine Körperhaltung, sein Gesicht, blieben ein Gegenstand der Spekulation. Antike Schilderungen lassen jeglichen Aufschluss vermissen, wie der Koloss ausgesehen hat. So gut wie sicher jedoch ist, dass er anders aussah, als er heute allgemein dargestellt wird. Noch immer prägt die meisterhafte Zeichnung des Architekten Johann Fischer von Erlach unsere Vorstellung von diesem Weltwunder. Fischer von Erlach folgte der seit Jahrhunderten traditionellen Vorstellung, die zwar sehr reizvoll, aber leider auch sehr falsch ist.

Alles war gewaltig, riesig, eben kolossal an diesem Monstrum: ein einzelner Finger so groß wie eine übliche lebensgroße Statue, man konnte ihn nicht einmal mit beiden Armen umfassen. Kein strahlender Held, sondern ein drohender Beschützer. Ob er in der ausgestreckten Hand eine Fackel mit einem Leuchtfeuer hielt, das die Seefahrer begrüßte, ist kaum mehr als eine schöne Imagination.

Auf jeden Fall ist der Koloss schlank gewesen, nackt,

den Körper nur verhüllt von einem über dem Arm zusammengefalteten Mantel. Der Kopf ist vermutlich nach Kleinasien ausgerichtet gewesen, umgeben von einem goldenen Strahlenkranz: kaum eine Helios-Darstellung ohne dieses Attribut des Sonnengottes. Das Antlitz und die siebenstrahlige, der Sonne nachempfundene Krone des Gottes sind vermutlich vergoldet gewesen.

Nur eines gilt als sicher: Der Kopf des Helios ist wohl unverhältnismäßig groß gewesen, jedenfalls, was die üblichen anatomischen Proportionen angeht. Eine spätere Quelle behauptet, er habe ein Fassungsvermögen für zweiundzwanzig Fuder Weizen gehabt (das Fuder wird verschieden definiert: zwischen 750 und 1950 Liter, also 1000 Liter im Schnitt – das wären zweiundzwanzig Kubikmeter Inhalt). Dass der Kopf größer als normal dimensioniert gewesen sein muss, ist leicht verständlich: Bei der Höhe des Standbilds konnte er dem Betrachter am Boden nur so in natürlicher Größe erscheinen. Der Koloss sei wegen seiner Riesenhaftigkeit »überwältigend, wenn auch nicht gerade liebenswürdig« erschienen. Hätte er weit entfernt am Hafeneingang gestanden, wäre durch den weiten Abstand zu den Betrachtern eine Verschiebung der Proportionen überflüssig gewesen. Es ist übrigens auch nie von zwei Sockeln die Rede, sondern nur von einem.

Über die Haltung der Arme und Beine wird in den antiken Schilderungen nichts gesagt: Weder, dass der Sonnengott eine Fackel getragen noch dass er gar ein Leuchtfeuer hoch über dem Kopf gehalten hätte.

Sind die effektvoll gespreizten Beine somit ein reines Phantasieprodukt aus der beginnenden Neuzeit? Das wiederum wäre zuviel behauptet. Die antiken Texte sind mehrdeutig und verschieden auszulegen. Auf der Weiheinschrift, so ist überliefert, sei zu lesen gewesen: »Fest auf der Erde erbaute es (das Volk von Rhodos) ihn und hoch über'm Meer, dass er ein herrliches Licht fronloser Freiheit ihm sei.«

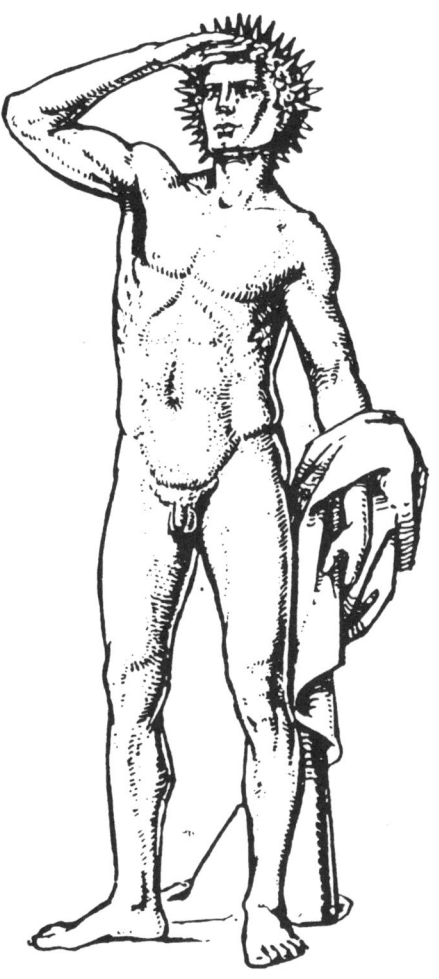

Der Koloss von Rhodos, ohne Fackel. (Rekonstruktionsversuch von H. Mayron)

Das »hoch über'm Meer« muss nicht »am Wasser« oder »im Wasser«, es kann auch »auf einem erhöhten Punkt auf der Insel« bedeuten. Das »herrliche Licht«

muss nicht zwangsläufig ein Leuchtfeuer bedeuten; der Verfasser der Inschrift kann auch das vergoldete Gesicht des Helios gemeint haben. Allerdings gibt es eine Aussage von Plutarch, der zufolge Statuen besonders eindrucksvoll erscheinen, wenn sie eine Person mit weitem Schritt darstellen. Plutarch erwähnt das im Zusammenhang mit »Kolossen«, wenn auch allgemein, nicht auf den Helios von Rhodos gemünzt. Und »Koloss« bedeutet ursprünglich ganz einfach »Bildsäule«. Es war kein Titel, den nur die Statue von Rhodos hatte. Doch erst das mächtige Standbild von Rhodos gab dem »Koloss« die Bedeutung des Riesenhaften, eben des Kolossalen.

Wahrscheinlich war der Sonnengott unbekleidet dargestellt. Möglicherweise hat er eine Lanze, vielleicht auch einen Bogen gehalten, dazu einen Köcher mit Pfeilen getragen. Dass man im Innern der Statue bis zum Hals habe emporsteigen können, wird später berichtet, widerspricht jedoch anderen Überlieferungen, nach denen das Innere vollgestopft mit Eisen und Steinen gewesen sein soll. Trotzdem wird es eine Art Aufgang gegeben haben, eine äußerst schmale leiterähnliche Treppe sorgte im Inneren für die Möglichkeit, Reparaturen vorzunehmen.

Ob der Koloss jedoch auch der schönen Aussicht wegen bestiegen wurde – wie die New Yorker Freiheitsstatue, das Hermannsdenkmal und die Münchner Bavaria –, kann nicht geklärt werden. Im »kolossalen« Standbild der Bavaria, 1850 von Ludwig Michael von Schwanthaler geschaffen, ist bei nur zwanzigeinhalb Meter Höhe genügend Platz für eine Wendeltreppe, im Kopf der Bavaria befindet sich sogar eine Sitzbank.

Wir dürfen also annehmen, dass der Weltwunder-Koloss auf einem erhöhten Platz über der Stadt stand, um so schon von weitem, vom Meer her sichtbar zu sein: ein kraftvoller Helios, der vielleicht ausschritt, wenn auch nicht allzu eilig, da dies seiner Würde wohl nicht entsprochen hätte.

134

Rekonstruktion des umgestürzten Koloss.
(Nach dem Bericht Strabons ist die Figur an den Knien umgeknickt.)

Der umgestürzte Riese

Das Schicksal des vielbestaunten Weltwunders ist bekannt: Nur 66 Jahre nach seiner Fertigstellung, 224 v. Chr., stürzte ein Erdbeben den Koloss und vernichtete gleichzeitig Teile der Mauern und Hafenmolen von Rhodos. Strabon berichtet, er sei an den Knien abgebrochen. Man habe ihn liegengelassen, denn ein Orakelspruch habe von der Wiederaufrichtung abgeraten.

Doch auch der gestürzte Koloss galt Strabon noch »als eine der Sieben Sehenswürdigkeiten«. Plinius betonte, der Sonnenkoloss errege »selbst so noch im Daliegen das Staunen aller, die ihn sehen«. Wie immer gibt er prägnante Einzelheiten: Man habe die Felsblöcke, mit denen der Koloss von innen ausbalanciert gewesen war, sehen können. Und er habe 300 Talente Silber gekostet (umgerechnet heute fast eine Million Euro).

Auch diese Schilderungen sprechen dafür, dass der Koloss an bevorzugter Stelle, auf einer Höhe über der

135

Stadt, vielleicht auf dem höchsten Punkt, nicht aber über der Hafeneinfahrt gestanden hat. Wäre der Koloss auf der Hafenmole errichtet gewesen, hätte er wohl ins Wasser stürzen müssen. Die Trümmer hätten die ein- und auslaufenden Schiffe gefährdet; man hätte sie also wohl geborgen.

Ein Vierteljahrhundert nach dem Sturz des Koloss brach auch die Freiheit und Macht von Rhodos zusammen. Ein knappes Jahrtausend blieb der gefällte Riese an Ort und Stelle liegen. Im Jahr 653 n. Chr., nach der Eroberung der Insel durch die Araber, wurden die stehengebliebenen Reste des Weltwunders vom Sockel gerissen; die Sarazenen raubten das Erz und schleppten es nach Syrien. Dort soll ein Händler die bronzene Haut des Sonnengottes gekauft, in neunhundert Teile zerlegt und auf Kamelen zur Einschmelzung nach Syrien transportiert haben.

Die Rekonstruktion durch Herbert Maryon

Als im Jahr 1932 in Rhodos ein Helios-Relief aus Stein gefunden wurde, unternahm der Engländer Herbert Maryon einen erneuten Rekonstruktionsversuch. Das Relief, von dem nur der obere Teil erhalten ist, stellt ohne Zweifel Helios dar, der mit der rechten Hand die Augen beschattet und nach rechts in die Ferne blickt. Über seinem linken Arm liegt – wie gerade noch deutlich zu erkennen ist – der Bausch seines Gewandes.

Herbert Maryon ging nun von folgender Tatsache aus: »Der Koloß hatte eine Höhe von 120 Fuß, was 36 Metern entspricht, und an Material wurden 12,5 Tonnen Bronze und 7,5 Tonnen Eisen verbraucht.« Die Berechnung des Verhältnisses der Oberfläche zum verwendeten Material führte ihn zu der Feststellung, dass die

Stärke der bronzenen Außenhaut nicht mehr als 1,6 Millimeter betragen haben kann. Maryon kommt deshalb zu dem Schluss, dass die einzelnen Teile, aus denen der Koloss zusammengesetzt war, nicht – wie bisher angenommen – gegossen, sondern gehämmert worden seien. Die Standhaftigkeit der Figur, so meint Maryon, sei einzig und allein von ihrem Kern bestimmt worden. Diese Behauptung stimmt nicht nur mit der Schilderung des Philon von Byzanz überein, sondern auch mit den Berichten, die Plinius nach dem Sturz des Kolosses in der »Naturalis Historia« veröffentlichte: »Große Höhlungen gähnten aus den zerbrochenen Gliedern, und innen drin sieht man Steine von großer Masse, durch deren Gewicht der Meister den Koloß standfest machte.«

Bisher hat man den Koloss von Rhodos auf keiner Münze identifizierbar abgebildet gefunden. Das ist leicht zu erklären: Auch die Abbildung des monumental thronenden Zeus von Olympia hat in der Verkleinerung auf einer Münze nicht befriedigen können. Ein Münzbild ist nicht geeignet, etwas Monumentales zu zeigen, und man hatte sich damit begnügt, auf Münzen nur noch das Gesicht des olympischen Zeus wiederzugeben. Der Koloss von Rhodos war erheblich größer als der Zeus von Olympia, weniger majestätisch als riesenhaft. Die Vermutung liegt nahe, dass das Haupt des Helios auf den rhodischen Münzen, das kraftvoll, sogar etwas grob erscheint, den Kopf des Weltwunders wiedergibt. Vielleicht sind diese Münzen sogar zur Feier der Einweihung geprägt worden. Dass das Rätsel nirgendwo ganz gelöst werden konnte, trägt mit zu der Faszination bei, die der lange verschwundene Koloss von Rhodos bis auf den heutigen Tag ausübt.

Faszination bis heute

Trotz der vielen Bruchstücke einer disparaten Überlieferung: Niemand hat ein – wenn auch noch so kleines
– originales Stück des verschwundenen Kolosses auffin-
den können oder doch so etwas wie einen Fußabdruck
der übermächtigen Figur auszugraben vermocht. Gleichwohl werden noch heute alljährlich unzählige Postkar-
ten mit dem berühmten Bild in alle Welt versandt, un-
gezählte »kleine Kolosse« als Souvenir von Ferien auf
Rhodos mit nach Hause genommen, als sei der Koloss
eine Sehenswürdigkeit, die heute noch zu besichtigen
wäre, wie der David von Florenz.

Es gibt sogar Briefmarken mit dem Bild des Kolosses.
Immer wieder erregen Pläne Aufsehen, eine Nachbildung des verschwundenen Weltwunders an Ort und
Stelle aufzurichten. Eine möglichst originalgetreue
Nachbildung, freilich nicht mehr aus schwerem Erz, sondern aus leichtem Aluminium. Doch ein nachgebauter
Koloss kann nur enttäuschen; welche Gestalt man ihm
auch immer geben würde, die Phantasie wäre eingeengt,
auf ein endgültiges Bild festgelegt, das mit der Realität
der antiken Vergangenheit nichts zu tun hat.

Von anderen Meisterwerken rhodischer Bildhauer-
kunst jedoch können wir uns noch heute einen Eindruck
verschaffen: Die berühmte Laokoon-Gruppe, deren Mar-
morkopie heute in den Vatikanischen Museen bewundert werden kann, soll in der Antike auf dem Marktplatz
von Rhodos gestanden haben. Die Siegesgöttin Nike von
Samothrake steht im Louvre in Paris, der Farnesische
Stier im Museum von Neapel. Und die Quadriga, die
heute die Basilika von San Marco in Venedig schmückt,
soll ebenfalls aus Rhodos stammen.

Die Geschichte der Insel blieb wechselhaft. Nach
dem Wiederaufbau errang Rhodos zwar noch einmal

Macht als Handels- und Schifffahrtsnation, doch eine berühmte Universität, eine Rhetorik- und Philosophenschule zeugten eher von geistiger als von politischer Wirkung. In den folgenden zweitausend Jahren wurde Rhodos von Römern, Arabern, Kreuzfahrern und Türken beherrscht, bis es im Jahr 1947 zu Griechenland kam und als »Roseninsel« mit ihrem herrlichem Klima und ihren Schönheiten der Natur ein Magnet für zahllose Besucher ist, die gern bereit sind, sich von dem glitzernden Meer und dem leuchtenden Himmel vor antiker Kulisse betören zu lassen.

Doch den Koloss, das berühmte Weltwunder, das Wahrzeichen der Insel, gibt es nur noch als kleine phantasievolle Replik, bequem im Koffer nach Hause zu transportieren. Kolossal, wie er einmal war, ist er nicht mehr.

Kupferstich von Johann Fischer von Erlach

SIEBTES KAPITEL

DER LEUCHTTURM VON ALEXANDRIA

Der großartige Leuchtturm auf der Insel Pharos vor Alexandria war im 3. Jahrhundert v. Chr. eine so außergewöhnliche technische Neuheit, dass er in die Reihe der Sieben Weltwunder aufgenommen wurde und die Festungsmauern von Babylon von dieser Liste verdrängte.

Die alten Fundamente des Pharos sind – wenn auch vom Meer umspült – noch deutlich zu erkennen. Im Wasser liegen Reste und Trümmer des alten Leuchtturms: einige Granitquader, alte Säulenreste von den Kastellmauern, ein Säulenkapitell. Bereits in der Antike war die Insel Pharos durch einen 1.300 Meter langen Damm mit dem Festland verbunden, der im Laufe der Zeit ständig verbreitert wurde; heute ist er ein eigener Stadtteil.

Im Gegensatz zu manchen zweifelhaften antiken Überlieferungen sind die Berichte über den Pharos von Alexandria glaubhaft. Vor allem Kallimachos, dem Leiter der berühmten Bibliothek, ist es zu verdanken, dass sich der Leuchtturm heute mit ziemlicher Genauigkeit rekonstruieren lässt. Auch auf alexandrinisch-römischen Münzen, die heute im Britischen Museum in London zu sehen sind, ist der Wunderturm abgebildet, mal mit einem Schiff, mal mit seiner Schutzgöttin Isis. Doch sind solche Abbildungen enttäuschend, denn sie verraten natürlich nichts über die imposante Höhe und den eleganten Eindruck des Bauwerks.

ALEXANDER DER GROSSE

Athena, die kluge Tochter des Zeus und Beschützerin aller griechischen Städte und »dieses an Ruhm, an Kriegsgewalt, an Poesie, an jeder Macht herrlich begabten Landes«, verbarg ihre Augen voll Trauer, als Athen und Sparta im Jahr 431 v. Chr. einen Streit um die Vorherrschaft in Hellas vom Zaun brachen. Dreißig Jahre dauerte der Peloponnesische Krieg, bei dem die jungen Männer auf den Schlachtfeldern starben, bis die Makedonen unter ihrem jungen Königssohn Alexander dem vereinigten Heer Athens und Thebens gegenüber standen und schließlich die Führung des Panhellenischen Bundes übernahmen.

Wir sind dem Kometen Alexander, diesen »mit glänzenden Gaben ausgestatteten Liebling der Götter« (Peter Bamm), bei unserer imaginären Reise zu den Weltwundern wiederholt begegnet: Er stand im Schatten der Pyramiden, er bewunderte die Sehenswürdigkeiten von Babylon, er bot an, die Kosten für den Wiederaufbau des Artemis-Tempels zu tragen, er betrieb die Fertigstellung des Mausoleums zu Halikarnassos, er erwies dem Zeus des Phidias zu Olympia seine Reverenz. Alexander der Große hat keine der Weltsehenswürdigkeiten seiner Zeit ausgelassen.

Als der junge König mit zweiundzwanzig Jahren (im Jahr 336) seinem Vater als Herrscher folgte, brannte eine Vision in ihm: Asien durch ein geeintes Griechenland zu erobern. Zwei Jahre später begann ein Siegeszug, der ohne Vorbild in der Geschichte war, entstand ein Weltreich, das vom Mittelmeer bis zu den schneebedeckten Gipfeln der asiatischen Bergwelt reichte. Als der Sohn Philipps von Makedonien und Schüler des Aristoteles als einziger am Hof ein wildes Pferd zu zähmen vermochte, soll sein Vater ihm den Rat gegeben haben: »Suche dir ein Reich, mein Sohn, das deiner würdig ist – Makedonien ist zu klein für dich.«

Auf gewaltigen Kriegszügen gegen Persien drang Alexander weit nach Asien vor, bis hinter den Indus. Er wollte nicht nur die zerstrittene antike Welt befrieden, sondern auch die Völker des Orients mit Griechenland vereinen. Dabei hegte er keinerlei Vorurteile gegen die »Barbaren«, sondern sah die Völker des unter ihm geeinten Reiches als ebenbürtige Mitglieder einer einzigen Kulturgemeinschaft. »Wir sind Kinder eines Vaters«, sagte er, und wie eine beispiel- und vorbildhafte Tat wirkte seine Heirat mit Roxane, der Tochter eines kleinen asiatischen Fürsten. Legendär war dieses »Fest von Susa«, als auch zehntausend Griechen dem Beispiel ihres Anführers folgten und Asiatinnen heirateten – ein Fest, das fünf Tage und fünf Nächte dauerte.

Für Alexander waren die gewonnenen Schlachten und eroberten Länder kein Selbstzweck, kein Ausdruck eines überheblichen Egoismus. Seine Vision: griechische Kultur und Lebensart weit über die Grenzen des Landes zu tragen, sie jedoch nicht anderen bestehenden Kulturen aufzuzwängen, sondern eine neue Harmonie zu schaffen. Der entstehende Hellenismus war ein Konzept des Weltfriedens, der jedoch mit dem Blut zahlloser Schlachten bezahlt wurde.

DIE STADT DES KÖNIGS

Die Stadt Alexandria ist eine Gründung des Makedonenkönigs und Weltherrschers, für die Nachwelt ein Denkmal, das seinen Namen trägt. Alexandria – so der Wille des jungen Königs – sollte die glanzvollste Stadt der hellenistischen Welt werden, »die Heimat der aus Orient und Okzident zusammenströmenden Weltbildung und Weltliteratur« (Johann Gustav Droysen).

Im Jahr 332 besetzte Alexander mit seinen Truppen

Ägypten: Im Gegensatz zu den Eroberungen der orientalischen und asiatischen Völker, die zum Teil erbitterte Gegenwehr leisteten, geschah es diesmal gewaltlos. Die Ägypter waren froh, die verhasste persische Herrschaft, die sie viele Jahrhunderte lang hatten ertragen müssen, loszuwerden, und feierten Alexander als Befreier. Er erhielt sogar die Ehre und den Titel Zeus-Amon, Sohn des höchsten Gottes.

Alexander erkannte die einzigartige Chance, die sich ihm hier bot: Die geographische Lage des Nil-Deltas war ideal für den strategisch ungeheuer wichtigen Stützpunkt zur Festigung der griechischen Herrschaft in Ägypten. In den Sand des Nil-Deltas skizzierte er die Umrisse einer Stadt, ihr Straßennetz und ihre Plätze. Doch sein Leben verlief zu schnell, zu kometenhaft, als dass er hätte verfolgen können, wie aus der vom Wind und von der Flut rasch gelöschten Skizze Wirklichkeit wurde – die Großstadt Alexandria. Diese Realität war stark genug, um über zweieinhalb Jahrtausende hinweg zu bestehen.

»Durch die Gründung Alexandrias«, sagte Napoleon Bonaparte bewundernd, »hat Alexander mehr Ruhm gewonnen als durch seine glänzenden Siege. Es ist die Stadt, die das Herz der Welt werden musste.« Und sie wurde tatsächlich der Mittelpunkt des Welthandels: Alle Schifffahrtswege und Karawanenstraßen gingen von dort aus und mündeten wieder dort. Innerhalb weniger Jahre wurde aus dem Plan auf dem Reißbrett eine weltoffene Stadt, ein multikultureller Schmelztiegel für Menschen, Völker und Kulturen. Häuser und Paläste, Gärten, Theater und Stadien entstanden in atemberaubend kurzer Zeit. Griechischer Geschmack und asiatische Pracht vereinten sich in einem griechisch-ägyptischen Stil. Eine weltberühmte Bibliothek wurde geplant und in Angriff genommen.

In einem prunkvollen Leichenzug, auf kostbar geschmückten Wagen sollte Alexander in seine Stadt an der Mündung des Nil zurückkehren. Er wurde dort in einem gläsernen Sarg beigesetzt. Kaiser Augustus, unter dessen Regierung die Geburt Christi registriert wurde, hat Alexander noch im Glassarg gesehen, die Schönheit seiner Gesichtszüge bewundern können – so sorgfältig war der Leichnam einbalsamiert.

Mit Alexandria entstand eine neue moralische Welt, mit dem Menschen und seinem Wissen im Mittelpunkt. Es war Ptolemaios, ein Verwandter des großen Königs und ohne Zweifel der begabteste unter seinen Generälen, der nach dem Tod Alexanders aus dem Weltreich für sich Ägypten mit der Hauptstadt Alexandria reklamierte und hier die Dynastie der Ptolemäer begründete. Sie bestand dreihundert Jahre lang, bis sie unter Kleopatra in den Auseinandersetzungen mit Rom ihr Ende fand.

Der neue König von Ägypten hat seinem Vorgänger ein glanzvolles Grabmal errichten lassen. Es ist verschollen, man vermutet es unter der Moschee, die nach der Eroberung Ägyptens durch die Araber dem Propheten Daniel erbaut worden ist.

Vor allem unter Ptolemaios I. wurde Alexandria zu einem Mittelpunkt der antiken Welt. Er gründete das Museum – ein Zentrum für die neu entstehenden exakten mathematischen und physikalischen Wissenschaften –, an das sich botanische und zoologische Gärten anschlossen, astronomische Observatorien mit Steinquadranten und Fernrohren, eine Anatomieschule zur Erforschung des menschlichen Körpers. Und er sorgte auch für den raschen Ausbau der größten Bibliothek der antiken Welt, die mit ihren unzähligen Buchrollen entscheidend für die Verbreitung griechischen Geistes in der Welt des Mittelmeeres wurde.

Eine neue Weltstadt, mit neuen Ideen, neuen Perspektiven, offen für Einflüsse verschiedenster Art, die auch mit uralten Traditionen brach. Staunend und lerneifrig stürzten sich die Ägypter in das aufregende Abenteuer einer immensen Erweiterung ihrer Kultur: In der Schu-

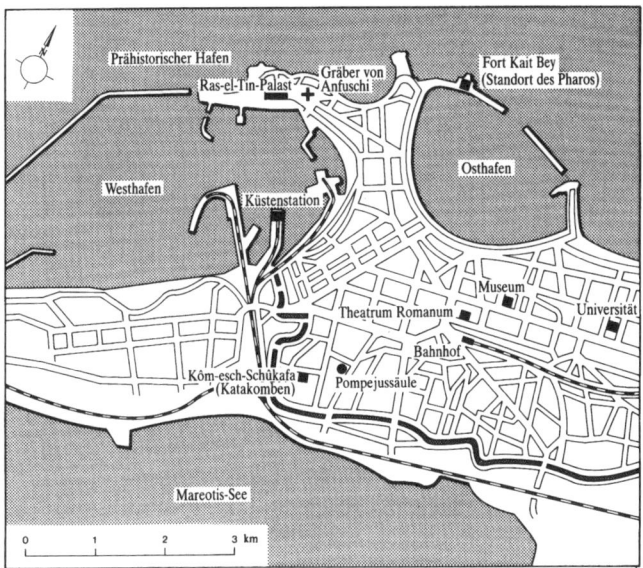

Stadtplan des heutigen Alexandria.

le wurden nicht mehr nur Kopfrechnen, Sterndeutung und der Mondkalender gelehrt; ein abgewandeltes griechisches Alphabet ersetzte die Hieroglyphenschrift, die schon wenige Generationen später nur noch Spezialisten verstanden, die mit der Zeit ausstarben.

Von Alexander wohl schon bei der Anlage der Hafenstadt geplant, wurde der Bau des berühmten Leuchtturmes erst unter Ptolemaios um 300 v. Chr. auf einer kleinen, dem Nil-Delta vorgelagerten Insel, die durch einen Damm mit dem Festland verbunden war, begonnen. Und unter dessen Sohn Ptolemaios Philadelphus, dem zweiten Herrscher dieser Dynastie, um 279 v. Chr. nach zwanzigjähriger Bauzeit vollendet.

Ptolemaios II. nahm die Fertigstellung des technischen Wunderwerks zum Anlass, das erste panhellenische Nationalfest mit großem Pomp zu feiern. Poseidippos schrieb anlässlich dieses Tages:

147

Darum zeigt sich bei Tag nun
aus weiter Ferne
der Turm schon,
welcher gerade und steil ragt in den Äther hinauf.
Doch auch der Schiffer,
der ganznächtig fährt auf den Wogen des Meeres,
kann an der Turmspitze sehn
mächtig ein Feuer in Glut.

Den »Pharos von Alexandria«, gefeiert als »kühnes Meisterwerk der Baukunst«, in die Liste der Sieben Weltwunder aufzunehmen, schien nur noch eine Formsache zu sein.

Das Feuer dieses Leuchtturms kreiste, um den Schiffen und einer neuen Zeit den Weg zu weisen.

Ein Triumph der Technik

Für Alexander und auch Ptolemaios war die Zeit der großen Tempel und Mysterien vorüber, vorbei auch die Zeit der Königsgräber, zu Ende das Zeitalter der unbedingten Götterherrschaft, vergangen die Macht der Dichter und Seher. Das geheimnisvolle Maß der Schönheit wich der Vernunft des Menschen; sein Wille, die Dinge dieser Welt zu ergründen, wurde zum Zentrum dieser neuen Leitkultur. Und das neue Wunder dieser Welt wurde der Pharos von Alexandria: ein Triumph der Technik und bis heute Vorbild aller Leuchttürme der Welt.

Was hat die Menschen an diesem Turm so fasziniert? In erster Linie war es die Architektur. In mancherlei Hinsicht ähnelt er dem Eiffelturm in Paris. Schon die immense Höhe von einhundertdreißig Metern – bei einem Fundament von gerade einmal neunhundert Quadratmetern – begeisterte; sie entspricht einem Wolkenkratzer mit siebenunddreißig Stockwerken. Diese Proportionen gaben dem Gebäude eine so außerordentlich schlanke und elegante Wirkung, dass mancher um seine Stand-festigkeit fürchtete. Doch was konnte dem Leuchtturm schon passieren, stand er doch unter dem besonderen Schutz von Isis, Schwester und Frau des Osiris, Symbol der Naturkräfte.

Die Nutzung als Tag- und Nachtwarte war jedoch das eigentlich Aufsehenerregende an diesem Projekt. Bislang war es unüblich für Schiffe, nach Eintritt der Dunkelheit in See zu stechen oder vom Meer in den schützenden Hafen zurückzukehren. Die Furcht vor der Ungewiss-heit war groß, Angst vor schlechter Sicht, Überfällen, Kollisionen, unruhiger See. Niemandem wäre es einge-fallen, nächtliche Fahrten zu unternehmen, es sei denn in Situationen äußerster Not.

DIE KONSTRUKTION

Der mit Öffnungen für das Wasser versehene Damm, der zur Insel hinausführte, war das Werk eines be-rühmten Baumeisters: Dexiphanes von Knidos. Als Konstrukteur und Erbauer des Pharos jedoch ist »Sos-trates aus Knidos, Sohn des Demosthenes« erwähnt, der sich auch durch andere architektonische Leistungen, wie die Nil-Korrektur bei Memphis, einen Namen gemacht hat. Der Leuchtturm, der den Schiffen bei Tag und Nacht als Orientierungspunkt dienen sollte, war zweifellos sei-ne genialste Erfindung. Die Hafenmole hatte sich vor der flachen Küste Ägyptens kaum abgehoben; sie war nunmehr leichter zu finden.

Im Vergleich mit historischen Darstellungen und schriftlichen Zeugnissen aus verschiedenen Jahrhun-derten lässt sich das Konzept des Leuchtturms einwand-frei rekonstruieren.

Der Pharos bestand aus drei Stockwerken. Das ge-samte Bauwerk war durch eine mit Mauern versehene Plattform gegen anbrandende Wellen geschützt. Ein Teil

des die Insel mit dem Festland verbindenden Dammes
war als Äquadukt gebaut, der das Trinkwasser zuleitete,
das im Untergeschoss des Leuchtturms gespeichert wurde. Dieses festungsähnliche Fundament, von dem aus
der Turm sich erhob, war ein Quadrat von dreißig mal
dreißig Metern. Die Menschen, die hier in verschiedenen
Räumen arbeiteten, beobachteten das Meer, sagten das
Wetter vorher und sicherten den Hafenverkehr.

Über der Plattform erhoben sich drei Baugeschosse.
Den Unterbau bildete ein sich nach oben leicht verjün-
gendes Stockwerk in einer Höhe von etwas über siebzig
Meter, das damit doppelt so hoch wie breit war. Abge-
schlossen wurde er mit einem Umgang. An den vier
Ecken hielten muschelhornblasende Tritonen, Söhne des
Meeresgottes Poseidon, nach allen vier Himmelsrich-
tungen hin Ausschau.

Darauf stand ein zweites, zurückgesetztes Stockwerk
in Form eines achteckigen Prismas und mit seiner Höhe
von knapp fünfunddreißig Meter etwa um die Hälfte
niedriger als das erste Stockwerk. Das dritte, gleichfalls
wieder schmalere Stockwerk hatte die Form eines Zylin-
ders und war neun Meter hoch.

An der Spitze des Pharos grüßte eine Bronzefigur die
Seefahrer der einlaufenden Schiffe. Ungeklärt ist, ob sie
Alexander, den Gründer der Stadt, oder Ptolemaios, den
Herrscher des ägyptischen Reiches, in Gestalt des Son-
nengottes Helios darstellte.

Mit seinen einhundertdreißig Metern erreichte der
Pharos von Alexandria die Höhe abendländischer Ka-
thedralen. Er galt als ein technisches Wunder, ein Meisterwerk der Baukunst, als der großartigste Blickpunkt im
östlichen Mittelmeer, strahlend genug, die gewaltigen,
jedoch bereits verfallenden Stadtmauern von Babylon
auszustechen. Diodoros von Sardes rühmt den Turm,
indem er ihn sprechen lässt: »Pharos bin ich, ein Turm
auf dem Felsen im Meer. Ich heiße so wie die Insel und
bin des schirmenden Hafens Symbol.«

Der Leuchtturm von Alexandria in seinem äußeren, dreistufigen Aufbau.
(Rekonstruktion von H. Thiersch)

Der Betrieb des Leuchtturms

Breite Rampen verbanden die einzelnen Geschosse miteinander, so dass ein bequemer Aufstieg möglich war. Über die innere Ausgestaltung des Leuchtturms

151

gibt es verschiedene Berichte. Viereck, Achteck und Zylinder sind als Formen auch im Innenbau beibehalten. Ein in der Mitte von unten nach oben durchgehender Schacht diente als eine Art Aufzug, mit dem nicht zuletzt das Brennmaterial für das Leuchtfeuer zur Turmspitze befördert wurde. Die zahlreichen Kammern an der Peripherie des Turmes waren von der Rampe, dem Aufgang, durch Türen zugänglich und hatten nach außen Fenster, die der Beobachtung des Meeres, vermutlich auch den Studien und Experimenten der berühmten Mathematiker und Astronomen der Universität dienten.

Das offene Leuchtfeuer, dessen Licht, durch einen großen Hohlspiegel gebündelt, noch in einer Entfernung von über fünfzig Kilometer gesehen werden konnte, wurde Tag und Nacht in Gang gehalten. Befeuert wurde der Leuchtturm nicht mit Holz, das zu teuer und fast ausschließlich der Verwendung zum Schiffsbau vorbehalten war, sondern mit Harz und Öl. Die Leuchtturmwärter schürten ständig das Feuer, dass die Funken sprühten; der gläserne Spiegel reflektierte die Flammen und steigerte so noch die Leuchtkraft, aber auch die Hitze. Im ohnehin heißen Klima des Sommers müssen die Temperaturen auf dem Leuchtturm unerträglich gewesen sein.

Das Ende des Pharos

Der »feurig leuchtende Blickpunkt« gab den Seefahrern nicht nur Orientierung – er verhieß Sicherheit und Schutz. Angeblich war sein Feuer so hell, dass es den gesamten Hafen beleuchtete, und um seine angeblich magischen Fähigkeiten entzündeten sich rasch einander überbietende Phantasien: Das Licht reiche »bis ans Ende der Welt«, was gleichbedeutend war mit dem unter Alexander entstandenen Weltreich unter griechischer Führung. Im Spiegel, der sich im oberen Stockwerk zur

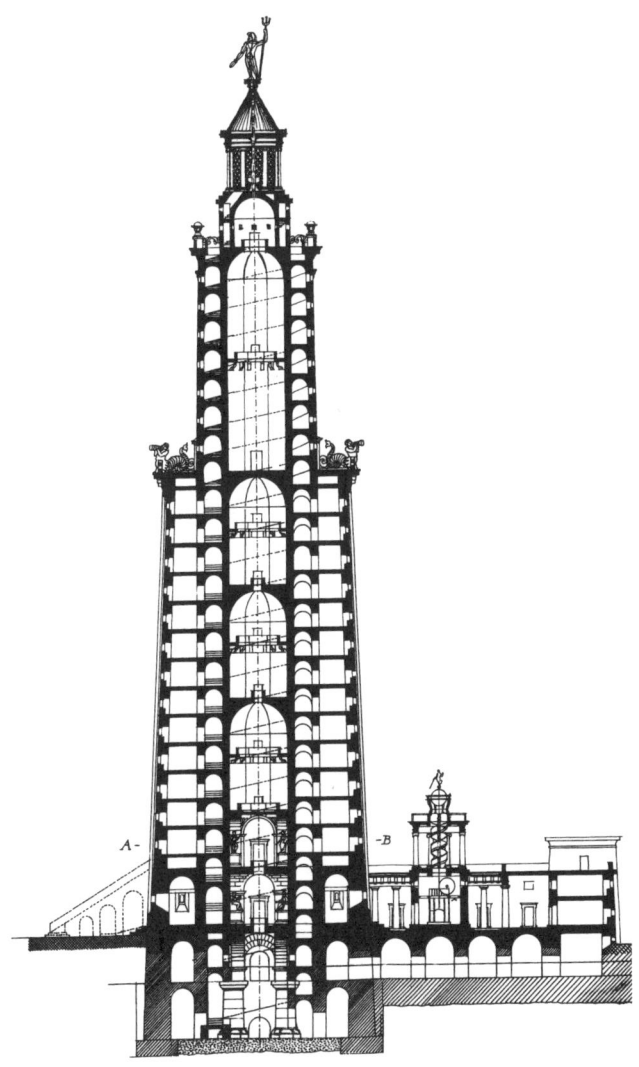

Schnitt durch den Leuchtturm von Alexandria. Unterirdisch die Zisterne, darüber der Saal, in der Mitte die Aufzugsanlage. Die Transportrampen reichten bis zur dritten Stufe, die Seitenkammern nur bis zur zweiten. Auf der Plattform über ihnen die Tritonen. Eingang bei A. (Rekonstruktion von H. Thiersch)

Reflektion des Feuers befand, könne man sogar das über tausend Kilometer entfernte Konstantinopel sehen. Ja, man könne ihn sogar als Brennglas benutzen und damit feindliche, noch über hundert Meilen entfernte Schiffe in Brand setzen.

Auch wenn diese Fähigkeiten des Pharos pure Phantasie und Spekulation waren – sie trugen zu seiner Aura des Sensationellen bei und verstärkten noch den Stolz, den Alexandria empfand. Doch die Sterne verhießen eine bedrohliche Zukunft. Das Orakel sagte Unheilvolles voraus: Habgier würde Menschen auf der Suche nach einem im Turm versteckten Schatz dazu verleiten, den Pharos zu stürmen, seinen Spiegel zu zerschlagen und die Ziegel zu zerbrechen. Oder ein Erdbeben würde ihn zerstören und ins Meer versinken lassen. Poseidon, so hieß es, werde ihn sich holen.

Doch der Pharos von Alexandria überdauerte die Dynastie der Ptolemäer, die rund dreihundert Jahre lang blühte und mit Kleopatra endete, welche als die Frau, die Caesar und Marc Anton zu bestricken vermochte, in die Geschichte eingegangen ist. Mit den Waffen der Frau hat sie zu verhindern versucht, dass Ägypten zu einer der vielen Provinzen Roms herabsank. Doch sie verlor ihr Spiel, sah sich schließlich selbst als Gefangene in einem römischen Triumphzug.

Der Leuchtturm ihrer Heimatstadt stand, als das Römische Weltreich bereits verfallen war, jedoch immer noch. Bis Ende des 8. Jahrhunderts überstand der Pharos unverändert erhalten viele Erschütterungen, welche die Stadt heimsuchten. Er blieb bis in das 12. Jahrhundert hinein funktionstüchtig, bevor zwei Erdbeben in den Jahren 1302 und 1326 das Gebäude endgültig zerstörten. An der Wende des 11. zum 12. Jahrhundert sollte aus dem Leuchtturm ein zweigeschossiger Bau mit einer krönenden Moschee entstehen. Doch blieb dieser Umbau wahrscheinlich unbefriedigend, so dass schließlich nichts als eine unbeachtete Ruine übrig blieb.

154

Um das Jahr 1350 war der Pharos restlos verfallen, bis im Jahr 1477 aus Schutt und Trümmern die Festung entstand, die nach dem herrschenden Sultan Fort Kait Bey genannt wurde und die in ihren wesentlichen Teilen bis heute erhalten geblieben ist. Das Fort ähnelt in Form und Ausmaßen dem Leuchtturm; einige Granitquader und Säulenreste des einstigen Weltwunders wurden mit eingebaut.

Die Bewunderung, die dem zeitlich letzten Weltwunder der Antike zuteil geworden ist, klingt noch nach – wenn auch nur in einem Wort: »Leuchtturm« heißt im Französischen – *le phare*.

Auch dieser Turm ging unter. Doch seine Ausstrahlungskraft weist uns noch heute den Weg zu den einstigen Weltwundern, von denen wir staunend lesen. Und die uns daran erinnern, zu welchen Glanzleistungen der Mensch fähig ist, folgt er nur seinen Träumen.

BIBLIOGRAPHIE

Werner Alzinger: Die Ruinen von Ephesos, Wien 1972.

Anton Bammer: Die Architektur des jüngeren Artemisions von Ephesos, Wiesbaden 1972.

Anton Bammer: Das Heiligtum der Artemis von Ephesus, Graz 1984.

Egon Bauer: Die Sieben Weltwunder. Die Rätsel der Antike – Archäologie und Mythos, München 2004.

Ludwig Borchardt: Die Entstehung der Pyramide, Berlin 1928.

Ernst Buschor: Maussollos und Alexander, München 1950.

Jean-Louis de Cenival: Ägypten. Das Zeitalter der Pharaonen, Fribourg 1964.

C. W. Ceram: Götter, Gräber und Gelehrte, Hamburg 1964.

Peter A. Clayton/Martin J. Price (Hrsg.): Die Sieben Weltwunder, Stuttgart 1990.

Maria Dawid: Weltwunder der Antike. Baukunst und Plastik, Frankfurt am Main 1968.

Die Sieben Weltwunder der Antike. Wege der Wiedergewinnung aus sechs Jahrhunderten, Mainz 2003 (Katalog zur Ausstellung des Winckelmann-Museums Stendal).

Theodor Dombart: Die sieben Weltwunder des Altertums, München 1967.

Ludwig Drees: Olympia, Stuttgart 1967.

Iorwerth Eiddon Stephen Edwards: Die ägyptischen Pyramiden, Wiesbaden 1967.

Werner Ekschmitt: Die Sieben Weltwunder. Ihre Entstehung, Zerstörung und Wiederentdeckung, Mainz 1984.

Johann Fink: Der Thron des Zeus in Olympia, München 1967.

Robert Fleischer: Artemis von Ephesus und verwandte Kultstatuen aus Anatolien und Syrien, Leiden 1973.

Egon Friedell: Kulturgeschichte Griechenlands, München 1949.

Egon Friedell: Kulturgeschichte Ägyptens und des Alten Orients, München 1963.

Georges Goyon: Die Cheops-Pyramide. Geheimnis und Geschichte, Bergisch Gladbach 1979.

Gottfried Gruben: Die Tempel der Griechen, München 1966.

Wolfgang Helck: Betrachtungen zur Großen Göttin und den ihr verbundenen Gottheiten, München/Wien 1971.

Hans-Volkmar Herrmann: Olympia. Heiligtum und Wettkampfstätte, München 1972.

Nancy Jenkins: Das Schiff in der Wüste. Ägypten zur Zeit des Königs Cheops, Frankfurt am Main 1980.

Karl Kerényi: Die Mythologie der Griechen, 2 Bände, Zürich 1964, 1968.

Evelyn Klengel-Brandt: Der Turm von Babylon. Legende und Geschichte eines Bauwerks, Leipzig/Wien 1982.

Robert Koldewey: Das wieder erstehende Babylon. Die bisherigen Ergebnisse der deutschen Ausgrabungen, Leipzig 1913.

Fritz Krischen: Weltwunder der Baukunst in Babylonien und Jonien, Tübingen 1956.

Jean-Philippe Lauer: Das Geheimnis der Pyramiden, München/Berlin 1980.

Mark Lehner: Das erste Weltwunder. Die Geheimnisse der ägyptischen Pyramiden, Düsseldorf/München 1997.

Erich Lessing/Wolfgang Oberleitner: Ephesos. Weltstadt der Antike, Wien 1978.

Josef Liegle: Der Zeus des Phidias, Berlin 1952.

Alfred Mallwitz/Wolfgang Schiering: Die Werkstatt des Pheidias in Olympia, Berlin 1964.

Alfred Mallwitz: Olympia und seine Bauten, München 1972.

Kurt Mendelssohn: Das Rätsel der Pyramiden, Frankfurt am Main 1976.

Artur Müller/Rolf Ammon: Die Sieben Weltwunder. 5000 Jahre Kultur und Geschichte der Antike, Bern 1972.

Gisela von Radowitz: Die Sieben Weltwunder, Würzburg 1985.

Wilfried Schaber: Die archaischen Tempel der Artemis von Ephesos. Entwurfsprinzipien und Rekonstruktion, Waldsassen 1982.

Hartmut Schmökel: Ur, Assur und Babylon. Große Kulturen der Frühzeit, Stuttgart 1955.

Rainer Stadelmann: Die Ägyptischen Pyramiden. Vom Ziegelbau zum Weltwunder, Darmstadt/Mainz 1991 (2. überarbeitete und erweiterte Auflage).

Jutta Ströter-Bender: Liebesgöttinnen, Köln 1994.

Hermann Thiersch: Pharos. Antike, Islam und Occident. Ein Beitrag zur Architekturgeschichte, Leipzig/Berlin 1909.

Eckhard Unger: Babylon. Die Heilige Stadt nach der Beschreibung der Babylonier, Berlin/Leipzig 1931.

Angelika Vahlen: Weltwunder der Antike, Leipzig 1988.

Friedrich Wetzel: Die Stadtmauern von Babylon, Leipzig 1930.

Vojtech Zamarowsky: Den Sieben Weltwundern auf der Spur, Augsburg 1988.